高职高专工作过程·立体化创新规划教材——计算机系列

多媒体课件制作实用教程
(基于 PowerPoint 平台)
(第 2 版)

程 勇 李婷婷 汪长岭 吴亚军 编 著

清华大学出版社
北 京

内 容 简 介

本书由浅入深、系统全面地介绍了 PowerPoint 2010 的具体使用方法和操作技巧。全书共分 8 章，内容包括课件制作基础、界面和导航设计、图形和文字处理、音频和视频处理、课件的交互设计、动画设计以及幻灯片的放映和打印等。

本书以"工作场景导入"→"基础知识讲解"→"回到工作场景"→"工作实训营"为主线组织编写，每一章都精心挑选了具有代表性的实训题和工作中常见问题解析，以便于读者掌握本章的重点及提高实际操作能力。

本书结构清晰、易教易学、实例丰富、可操作性强，对易混淆和实用性强的内容进行了重点提示和讲解。

本书既可作为高职高专院校相关专业的教材，也可作为各类培训班的培训教材。此外，本书也非常适合 PPT 技术研究与应用人员以及自学人员参考阅读。

本书封面贴有清华大学出版社防伪标签，无标签者不得销售。
版权所有，侵权必究。举报: 010-62782989, beiqinquan@tup.tsinghua.edu.cn。

图书在版编目(CIP)数据

多媒体课件制作实用教程(基于 PowerPoint 平台)/程勇等编著. —2 版. —北京: 清华大学出版社，2018（2022.7重印）
(高职高专工作过程·立体化创新规划教材——计算机系列)
ISBN 978-7-302-50663-8

Ⅰ. ①多… Ⅱ. ①程… Ⅲ. ①多媒体课件—制作—图形软件—高等职业教育—教材 Ⅳ. ①G436

中国版本图书馆 CIP 数据核字(2018)第 158376 号

责任编辑: 章忆文　李玉萍
封面设计: 刘孝琼
责任校对: 李玉茹
责任印制: 杨　艳

出版发行: 清华大学出版社
网　　址: http://www.tup.com.cn, http://www.wqbook.com
地　　址: 北京清华大学学研大厦 A 座　　　邮　　编: 100084
社 总 机: 010-83470000　　　　　　　　　　邮　　购: 010-62786544
投稿与读者服务: 010-62776969, c-service@tup.tsinghua.edu.cn
质量反馈: 010-62772015, zhiliang@tup.tsinghua.edu.cn
课件下载: http://www.tup.com.cn, 010-62791865

印 装 者: 三河市国英印务有限公司
经　　销: 全国新华书店
开　　本: 185mm×260mm　　印　张: 17.5　　字　数: 422 千字
版　　次: 2013 年 8 月第 1 版　2018 年 8 月第 2 版　　印　次: 2022 年 7 月第 5 次印刷
定　　价: 49.00 元

产品编号: 079795-01

丛 书 序

高等职业教育强调"以服务为宗旨,以就业为导向,走产学结合发展的道路"。能否服务于社会、促进就业和提高社会对毕业生的满意度,是衡量高等职业教育是否成功的重要指标。坚持"以服务为宗旨,以就业为导向,走产学结合发展的道路"体现了高等职业教育的本质,是其适应社会发展的必然选择。

为了提高高职院校的教学质量,培养符合社会需求的高素质人才,我们组织全国高等职业院校的专家、教授组成了"高职高专工作过程·立体化创新规划教材——计算机系列"编审委员会,全面研讨人才培养方案,并结合当前高职教育的实际情况,推出了这套"高职高专工作过程·立体化创新规划教材——计算机系列"丛书,打破了传统的高职教材以学科体系为中心,讲述大量理论知识再配以实例的编写模式,突出应用性、实践性。一方面,强调课程内容的应用性,以解决实际问题为中心,而不是以学科体系为中心,基础理论知识以应用为目的,以"必需、够用"为度;另一方面,强调课程的实践性,在教学过程中增加实践性环节的比重。

本套丛书以"工作过程为导向",强调以培养学生的职业行为能力为宗旨,以现实的职业要求为主线,选择与职业相关的教学内容组织开展教学活动和过程,使学生在学习和实践中掌握职业技能、专业知识及工作方法,从而构建属于自己的经验和知识体系,以解决工作中的实际问题。这在一定程度上契合了高职高专院校教学改革的需求。随着技术的进步、计算机软硬件的更新换代,不断有图书再版和新的图书加入。我们希望通过对这一套突出职业素质需求的高质量教材的出版和使用,能促进技能型人才培养的发展。

1. 丛书特点

(1) 以项目为依托,注重能力训练。以"工作场景导入"→"基础知识讲解"→"回到工作场景"→"工作实训营"为主线编写,体现了以能力为本的教育模式。

(2) 内容具有较强的针对性和实用性。丛书以贴近职业岗位要求、注重职业素质培养为基础,以"解决工作场景问题"为中心展开内容,书中每一章都涵盖了完成工作所需的知识和具体操作过程。基础理论知识以应用为目的,以"必需、够用"为度,因而具有很强的针对性与实用性,可提高学生的实际操作能力。

(3) 易于学习、提高能力。通过具体案例引出问题,在掌握知识后立刻回到工作场景中解决实际问题,使学生能很快上手,提高实际操作能力;每章结尾的"工作实训营"版块都安排了有代表意义的实训练习,针对问题给出明确的解决步骤,阐明了解决问题的技术要点,并对工作实践中常见问题进行分析,使学生进一步提高操作能力。

(4) 示例丰富、由浅入深。书中配备了大量经过精心挑选的例题,既能帮助读者理解知识,又具有启发性。针对较难理解的问题,例子都是从简单到复杂,内容逐步深入。

2. 读者定位

本系列教材主要面向高等职业技术院校和应用型本科院校,同时也非常适合计算机培训班和编程开发人员培训、自学使用。

3. 关于作者

丛书编委会特聘执教多年且有较高学术造诣和实践经验的名师参与各册的编写。他们长期从事有关的教学和开发研究工作，积累了丰富的经验，对相应课程有较深的体会与独特的见解，本丛书凝聚了他们多年的教学经验和心血。

4. 互动交流

本丛书保持了清华大学出版社一贯严谨、科学的图书风格，但由于我国计算机应用技术教育正在蓬勃发展，要编写出满足新形势下教学需求的教材，还需要不断地努力实践。因此，我们非常欢迎全国更多的高校老师积极加入"高职高专工作过程·立体化创新规划教材——计算机系列"编审委员会中来，推荐并参与编写有特色、有创新的教材。同时，我们真诚希望使用本丛书的教师、学生和读者朋友提出宝贵的意见和建议，使之更臻成熟。

联系信箱：Book21Press@126.com。

丛书编委会

第 2 版前言

随着计算机辅助教学的深入与发展，计算机多媒体课件已经成为应用最多的一种现代教学手段，它以最自然、最容易接受的多媒体形式使学生接受教育，不但扩展了信息量，提高了知识的趣味性，还增加了学习的主动性和科学准确性。因此，多媒体课件的设计与制作就成为师范生、各类学校教师必备的教学手段和技术。本书的编写目标是培养学生的教育技术技能，提高学生制作多媒体课件的整体设计能力、评价能力、鉴赏能力，使其掌握设计与制作多媒体课件的技术与技巧，为学生今后将多媒体课件应用于教学打下良好的基础。由于 PowerPoint 简单易学、应用广泛，因此本书选用 PowerPoint 作为制作课件的平台。

PowerPoint 2010 是由微软公司推出的新版本的 PPT 制作软件，与以前的 PPT 制作软件相比该版本具有很大的优势，为演示文稿带来更多活力和视觉冲击，添加了个性化视频体验，用新的幻灯片切换方式和动画吸引访问群体，深受广大工程技术人员的青睐。随着计算机技术的迅猛发展，目前 PowerPoint 2010 系列版本已被广大公司管理人员、文秘、教师、国家公务员等从业人员学习和使用，并发挥着越来越大的作用。在高等工科院校学生的 PPT 制作中，使用 PowerPoint 2010 软件制作相关 PPT 也已被列为必备的技能。

本书第 1 版自 2013 年出版以来，多次加印，受到使用者的欢迎。结合相关院校的意见，本版淡化了 PowerPoint 基础知识的讲解，增加了多媒体课件制作的应用案例，更加突出实用性。

本书由浅入深、系统全面地介绍了 PowerPoint 2010 的具体使用方法和操作技巧。全书共分 8 章，每一章都通过导入工作场景引出问题，然后详细讲解用来解决问题的知识点，最后回到工作场景中解决问题。本书各章主要内容如下。

第 1 章主要介绍多媒体课件的基础知识以及 PowerPoint 课件的制作方法。

第 2 章主要介绍 PowerPoint 2010 课件的各种界面设计以及课件的导航设计。

第 3 章主要介绍 PowerPoint 2010 中的文字处理技术和图像处理技术。

第 4 章主要介绍 PowerPoint 2010 中的声音处理技术和视频处理技术。

第 5 章主要介绍 PowerPoint 2010 中课件的交互设计，即如何通过按钮、菜单、热区控制课件的播放。

第 6 章主要介绍幻灯片中动画的设置以及幻灯片中的切换方式。

第 7 章主要介绍幻灯片的放映和幻灯片中演示文稿的打印。

第 8 章主要通过两个综合实例——"生态系统的能量流动"和"三国鼎立"，介绍课件制作过程，以及利用 PowerPoint 制作课件的一些技巧和方法。

本书在编写上具有以下特点。

(1) 结构清晰、模式合理。以"工作场景导入"→"基础知识讲解"→"回到工作场景"→"工作实训营"为主线编写，以这种新颖的模式合理安排全文。

(2) 示例丰富、实用性强。本书每一章在讲解 PPT 知识时都列举了大量的例子，并给出了具体的操作步骤,突出了很强的实用性与可操作性。

(3) 上手快、易教学。通过具体案例引出问题,在掌握知识后立刻回到工作场景中解决问题,使学生很快上手;以教与学的实际需要取材谋篇,方便老师教学。

(4) 安排实训,提高能力。每一章都安排了"工作实训营"版块,针对问题给出明确的解决步骤,并对工作实践中的常见问题进行分析,使学生进一步提高应用能力。

本书既可作为高职高专院校部分专业的教材,也可作为各类培训班的培训教程。此外,本书也非常适合从事PPT技术研究与应用人员以及自学人员参考阅读。

本书由程勇、李婷婷、汪长岭、吴亚军编著。参与本书编写和资料整理的还有何光明、石雅琴、卢振侠、史国川、夏良、方星星、吕永强、鲁磊纪、高云、王国全、赵明。限于作者水平,书中难免存在不当之处,恳请广大读者批评指正。

编　者

第 1 版前言

PowerPoint 2010 是由微软公司推出的新版本的 PPT 制作软件,与以前的 PPT 制作软件相比该版本具有很大的优势,为演示文稿带来更多活力和视觉冲击,添加了个性化视频体验,用新的幻灯片切换方式和动画吸引访问群体,深受广大工程技术人员的青睐。随着计算机技术的迅猛发展,目前 PowerPoint 2010 系列版本已被广大公司管理人员、文秘、教师、国家公务员等从业人员学习和使用,并发挥着越来越大的作用。在高等工科院校学生的 PPT 制作中,使用 PowerPoint 2010 软件制作相关 PPT 也已被列为必备的技能。

本书由浅入深、系统全面地介绍了 PowerPoint 2010 的具体使用方法和操作技巧。全书共分 10 章,每一章都通过导入工作场景引出问题,然后详细讲解用来解决问题的知识点,最后回到工作场景中解决问题。本书各章主要内容如下。

第 1 章主要介绍多媒体课件的基础知识、相关素材的处理与使用、图像媒体的制作处理以及视频媒体的创建和编辑。

第 2 章主要介绍 PowerPoint 2010 的一些基本操作,以及制作合理课件的条件。

第 3 章主要介绍 PowerPoint 2010 课件的各种界面设计以及课件的导航设计。

第 4 章主要介绍 PowerPoint 2010 中的文字处理技术和图像处理技术。

第 5 章主要介绍 PowerPoint 2010 中的音频处理技术和视频处理技术。

第 6 章主要介绍 PowerPoint 2010 中的表格处理技术和图表处理技术。

第 7 章主要介绍 PowerPoint 2010 中课件的交互设计,即如何通过按钮、菜单、热区控制课件的播放。

第 8 章主要介绍幻灯片中动画的设置以及幻灯片的切换方式。

第 9 章主要介绍幻灯片的放映和幻灯片中演示文稿的打印。

第 10 章以制作一个生物教程的课件为例,来帮助大家熟悉课件的制作过程,从而掌握利用 PowerPoint 制作课件的一些技巧和方法。

本书在编写上具有以下特点。

(1) 结构清晰、模式合理。以"工作场景导入"→"基础知识讲解"→"回到工作场景"→"工作实训营"为主线编写,以这种新颖的模式合理安排全文。

(2) 示例丰富、实用性强。本书每一章在讲解 PPT 知识时都列举了大量的例子,并给出了具体的操作步骤,突出了很强的实用性与可操作性。

(3) 上手快、易教学。通过具体案例引出问题,在掌握知识后立刻回到工作场景中解决问题,使学生很快上手;以教与学的实际需要取材谋篇,方便老师教学。

(4) 安排实训,提高能力。每一章都安排了"工作实训营"版块,针对问题给出明确的解决步骤,并对工作实践中的常见问题进行分析,使学生进一步提高应用能力。

本书既可作为高职高专院校部分专业的教材,也可作为各类培训班的培训教程。此外,本书也非常适合从事 PPT 技术研究与应用人员以及自学人员参考阅读。

本书由曹愚(江苏第二师范学院)、朱恽(徐州幼儿师范高等专科学校)、汪胡青(南京邮电大学)主编，谢书玉(常州机电职业技术学院)、史国川(解放军陆军军官学院)任副主编。在本书编写过程中，董伯英、范荣钢、付淑慧、高一鸣、葛世俊、郝小充、侯君、胡亚平、吉根林、黄永华、江兵、江家宝、金静文等同志给予了很大的帮助。限于作者水平，书中难免存在不当之处，恳请广大读者批评指正。

编　者

目 录

第1章 多媒体课件基础 1
1.1 工作场景导入 2
1.2 多媒体课件的基础知识 2
    1.2.1 多媒体课件的概念 2
    1.2.2 多媒体课件的类型 3
    1.2.3 多媒体课件设计制作原则 ... 4
    1.2.4 多媒体课件制作流程 5
1.3 PowerPoint 课件的制作方法 7
    1.3.1 结构化设计 7
    1.3.2 图形化表达 9
    1.3.3 完美呈现的三部曲 10
    1.3.4 PowerPoint 的基本操作 ... 12
1.4 回到工作场景 13
1.5 工作实训营 14
    1.5.1 训练实例 14
    1.5.2 工作实践常见问题解析 ... 15
1.6 习题 15

第2章 PowerPoint 课件界面和导航设计 19
2.1 工作场景导入 20
2.2 课件界面设计的基本原则 21
2.3 界面设计的基本方法 26
    2.3.1 修饰演示文稿 26
    2.3.2 界面的布局方法 29
    2.3.3 课件封面 31
    2.3.4 课件主界面 32
    2.3.5 课件内容界面 33
    2.3.6 课件的帮助界面 35
    2.3.7 课件的退出界面 35
2.4 母版技术在课件制作中的应用 ... 36
    2.4.1 母版概述 36
    2.4.2 母版的使用 37
2.5 导航界面的设计 41
    2.5.1 导航界面的设计形式 42
    2.5.2 导航界面的设计方法 43
2.6 回到工作场景 45
2.7 工作实训营 49
    2.7.1 训练实例 49
    2.7.2 工作实践常见问题解析 ... 49
2.8 习题 50

第3章 PowerPoint 课件中的图文处理 53
3.1 工作场景导入 54
3.2 文字处理技术 55
    3.2.1 PowerPoint 课件中文字处理的基本操作 55
    3.2.2 PowerPoint 课件中使用文本的常见问题 65
    3.2.3 PowerPoint 课件中文本处理的特殊方法 68
3.3 图像处理技术 77
    3.3.1 PowerPoint 2010 中图像处理的基本操作 78
    3.3.2 PowerPoint 课件中使用图像的常见问题 81
    3.3.3 PowerPoint 课件中处理图像的特殊方法 82
3.4 回到工作场景 91
3.5 工作实训营 94
    3.5.1 训练实例 94
    3.5.2 工作实践常见问题解析 ... 95
3.6 习题 96

第4章 PowerPoint 课件有声也有色——音频、视频的应用 99
4.1 工作场景导入 100
4.2 声音处理技术 100
    4.2.1 PowerPoint 中声音处理的基本操作 101

	4.2.2 PowerPoint 课件中声音处理的
	特殊方法 104
4.3	视频处理技术 108
	4.3.1 PowerPoint 课件中视频处理的
	基本操作 108
	4.3.2 PowerPoint 课件中视频使用的
	常见问题 112
	4.3.3 PowerPoint 课件中视频处理的
	特殊方法 113
4.4	回到工作场景 115
4.5	工作实训营 118
	4.5.1 训练实例 118
	4.5.2 工作实践常见问题解析 119
4.6	习题 120

第 5 章 PowerPoint 课件的交互设计 121

5.1	工作场景导入 122
5.2	按钮的使用 122
	5.2.1 按钮概述 122
	5.2.2 按钮的制作 123
5.3	触发器的使用 125
	5.3.1 触发器概述 125
	5.3.2 触发器的应用实例 128
5.4	宏的使用 138
5.5	PowerPoint 中的 VBA 技术 140
	5.5.1 VBA 基础知识 140
	5.5.2 VBA 技术应用实例 142
5.6	回到工作场景 147
5.7	工作实训营 151
	5.7.1 训练实例 151
	5.7.2 工作实践常见问题解析 152
5.8	习题 153

第 6 章 给 PowerPoint 课件添加动画 及切换 155

6.1	工作场景导入 156
6.2	PowerPoint 2010 中处理动画的基本
	操作 157
	6.2.1 设计动画 157
	6.2.2 插入动画 159

6.3	PowerPoint 2010 中动画技术的
	应用 162
	6.3.1 动画设计的简单操作 163
	6.3.2 PowerPoint 2010 中处理动画的
	特殊方法 176
6.4	幻灯片的切换 199
	6.4.1 使用预置的幻灯片切换
	动画 199
	6.4.2 自定义幻灯片切换效果 200
6.5	回到工作场景 201
6.6	工作实训营 204
	6.6.1 训练实例 204
	6.6.2 工作实践常见问题解析 204
6.7	习题 205

第 7 章 PowerPoint 课件的放映、输出 与打印 209

7.1	工作场景导入 210
7.2	放映 PowerPoint 课件 210
	7.2.1 幻灯片放映的基本操作 211
	7.2.2 幻灯片放映中的技巧 214
	7.2.3 利用 PowerPoint Viewer 进行
	幻灯片放映 220
	7.2.4 利用 PowerPlugs 播放
	幻灯片 221
7.3	打印演示文稿 221
7.4	回到工作场景 224
7.5	工作实训营 226
	7.5.1 训练实例 226
	7.5.2 工作实践常见问题解析 227
7.6	习题 227

第 8 章 综合实例 229

8.1	综合实例 1：生态系统的能量
	流动 230
	8.1.1 需求分析 230
	8.1.2 教学设计 231
	8.1.3 课件系统设计 232
	8.1.4 素材准备 233
	8.1.5 课件的界面设计 233

8.1.6 课件的图片、动画设计............237
8.1.7 课件交互功能的实现............240
8.1.8 测试及评价............................243
8.1.9 课件的发布............................244
8.2 综合实例2：三国鼎立............245
    8.2.1 在课件中制作文字................245
    8.2.2 在课件中制作图形................248
    8.2.3 在课件中制作表格................250
    8.2.4 制作图文结合的幻灯片........252

8.2.5 在课件中插入声音................253
8.2.6 在课件中设置动画................256
8.2.7 在课件中添加超链接............258
8.2.8 设置幻灯片切换效果和放映
     方式....................................260
8.2.9 发布已完成的课件................262
8.3 习题..263

参考文献..265

第 1 章

多媒体课件基础

 本章要点

- 多媒体课件的基础知识
- PowerPoint 课件的制作方法

 技能目标

- 掌握 PowerPoint 课件的制作方法

改变传统的教学模式,应用现代教育技术,使用多媒体课件进行教学,已经是21世纪中小学教师必然的选择。但由于多媒体课件和教案一样,要充分体现教师自己的教学思想,适应不同的学生,所以它不具有很强的通用性,常常需要广大教师自己动手制作。

本章从多媒体课件设计的过程、方法以及多媒体课件的评价等方面入手,介绍多媒体课件设计的基本理论。

 ## 1.1 工作场景导入

【工作场景】

设计一个简单的 PowerPoint 课件,包含课件制作的一些基本操作,具体要求如下:用 PowerPoint 2010 创建两张幻灯片,一张包括第 2 章题目,一张包括第 2 章介绍的主要内容,如图 1-1 所示。

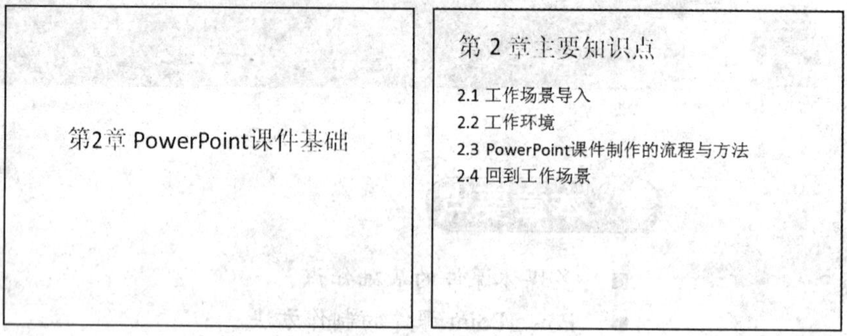

图 1-1 创建简单幻灯片

【引导问题】

(1) 如何输入文字?
(2) 如何创建新的幻灯片?
(3) 如何启动和退出幻灯片?

 ## 1.2 多媒体课件的基础知识

多媒体技术的应用非常广泛,几乎遍布各行各业以及人们生活的各个方面。由于多媒体技术具有直观、信息量大、易于接受和传播迅速等显著特点,因此多媒体应用领域的拓展十分迅速。多媒体课件是教育领域应用多媒体技术最直接的产物。

1.2.1 多媒体课件的概念

课件(Courseware)是在一定的教学理论、学习理论指导下,以计算机技术、多媒体技术和通信技术为基础,为完成特定的学习目标而设计的,能反映某种教学策略和教学内容的计算机软件。

多媒体课件是采用多媒体技术综合处理文本、图形图像、动画、音视频等多媒体信息,并根据教学目标的要求表达某一课程或若干门课程教学内容的计算机软件,是一种根据教学目标设计、表达特定教学内容、反映一定教学策略的计算机教学程序,是一种可以用来存储、传递和处理教学信息,允许学生进行人机交互操作,取得反馈,并能够对学生的学习效果作出适当评价的教学媒体。

多媒体课件的规模可大可小。一个大的课件可以包括一门完整的课程内容,可包含几十课时的内容;小的课件常常只包含某个知识点的内容,可能运行10~30分钟,甚至更短,国外将这种课件称为"堂件"(Lessonware)。

1.2.2 多媒体课件的类型

教学设计的理念不同,学科特点不同,课件的开发平台不同,多媒体课件的类型也不一样。根据课件的使用目的来分有个别指导型、练习训练型、问题解决型、问答型、模拟游戏型等;根据实现的功能来分有演示型、资料工具型、自主学习型、模拟实验型、训练复习型和教学游戏型等;根据制作的结构不同来分有线性结构、树状结构、网状结构和复合结构,如图1-2所示。

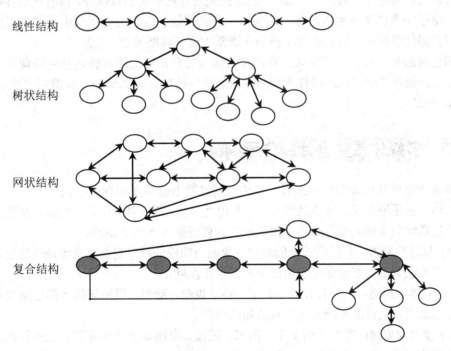

图1-2 多媒体课件组织结构

1. 演示型

演示型课件主要是展示事实性材料或反映问题解决的全过程,主要用于课堂教学、学术交流、企业产品展示等。在教学中根据教师的教学思路，运用多媒体形式展现教学信息，在直线式基础上有简单的跳转和链接，逐步深入地呈现教学内容。可利用微软的 PowerPoint、金山 WPS 演示、Flash 演示文稿等自行编制。

2．自主学习型

自主学习型课件在功能上扮演一个类似于教师的角色，通过友好的界面、丰富的学习内容、清晰的导航、系统的学习规划、准确的学习测量(前测、后测)以及完备的学习行为记录等，为学生的个别化学习提供指导。

3．模拟实验型

模拟实验型课件是借助计算机仿真技术，模拟教学相关的现象、实验过程、操作程序、问题情境等，供学习者进行模拟实验或探究发现学习使用。

4．教学游戏型

教学游戏型课件是通过游戏的形式，将学科的知识内容、技能贯穿于游戏，寓教于乐，从而激发学生的学习兴趣，调动学生的学习积极性，促进学科知识、能力的提高，促进学生多元智能的发展。

5．资料工具型

资料工具型课件一般是按主题(而不是学科)进行规划和建设课件，同时包括各种电子工具书、电子字典以及各类图形库、动画库、声音库等，为学习者提供丰富的学习资料供课余时间查阅，教师也可以根据教学需要在课堂上进行辅助教学。

需说明的是，目前多媒体课件有广义与狭义之分，广义的课件包括网络课件和网络课程，狭义的课件是除了网络课件和网络课程之外的课件，如 PowerPoint 演示文稿、Flash 动画、电子书等。

1.2.3　多媒体课件设计制作原则

多媒体课件从放映的过程来看，最终是通过静态的画面展现教学内容的，因此画面的设计总体上必须遵循视觉审美共性要求，利用九宫格、对角线、S 形等构图方法进行画面构图。在注意学习者的视觉及心理规律的同时，要遵循以下几个原则。

(1) 教育性原则：要根据特定的教学对象确定明确的教学目标，重点难点突出，教学形式、教学方法灵活，要能促进学生的全面、个性发展。

(2) 科学性原则：内容符合教学要求，科学规范，动画、模拟等技术的运用与展示要规范化、标准化，应该能正确表达学科的知识内容。

(3) 技术性原则：充分运用文字、图形、图像、动画等多媒体元素，做到画面清晰，重点内容表达方法多样，数据结构、程序结构、控制技巧等灵活，运行稳定可靠。

(4) 艺术性原则：充分发挥线条、图形、色彩等的造型作用与艺术感染力，各章节的画面色彩、构图、人机交互等风格应和谐统一，美观大方。

除此以外，多媒体课件的设计制作还必须考虑经济性、价值性、集成性、易用性、可扩展性等原则。

1.2.4 多媒体课件制作流程

多媒体课件制作是个系统工程,是团队的集体智慧,涉及的人员广泛,有教师、技术人员以及学科专家,同时还需要恰当的硬件环境和一定的经费支持。因此在多媒体课件开发过程中,要遵循课件开发的流程,在现代教育思想和教育理论的指导下,做好项目计划、系统教学设计、系统结构设计、导航与交互设计等。多媒体课件制作的一般过程如图 1-3 所示。

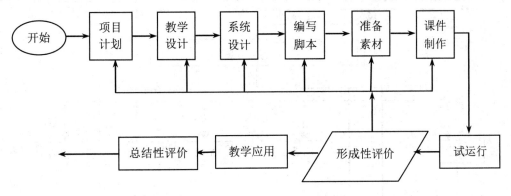

图 1-3 多媒体课件制作的一般过程

1. 项目计划

项目计划主要是确定选题,选择能发挥多媒体课件作用及优势、突出教学重点和难点的题材,同时对课题的需求以及可行性进行分析。包括开发课件的目的、解决的问题、预期效果以及软硬件条件、技术储备、难易程度、投入成本与产出综合效益等。

2. 教学设计

课件教学质量的高低主要取决于系统教学设计,现代教育思想、理念与方法通过课件的结构体系加以体现。多媒体课件制作系统教学设计包括学习者特征分析、教学目标与教学内容分析、媒体的选择、教学策略的制定和教学评价等。

3. 系统设计

系统设计的主要工作包括结构与功能的设计、屏幕画面的设计、导航策略的设计及交互界面的设计。多媒体课件制作中的教学策略是对教学内容及其组织形式、教学方法、教学程序及教学媒体的总体设计,导航以及链接交互是教学策略的外在体现和实现手段。

系统知识的组织结构是知识内容及其相互关系逻辑体系的呈现方式,是教学课件设计的框架,一般由封面、主界面、次界面(单元界面)和内容等部分组成。

屏幕画面设计包括屏幕版面、颜色搭配、字体形象和修饰美化等,要求美观、风格统一,视觉冲击力较强,个性风格明显;颜色搭配要遵循色彩规律,如背景与图文主体色的对比度、主色调的一致性、搭配色的和谐关系等;文字要少而精,重点突出,均衡分布,文字大小要考虑课件的放映环境,不能太小,内页段落字体用 20 号黑体可满足大多数放映环境需求。

导航是系统知识体系的规律展示，是信息传播方式的具体体现；清晰的链接结构是学生知识建构的基础和关键。主界面和次界面(单元界面)均有导航作用。"小学语文古诗欣赏"多媒体课件系统设计如图1-4所示。

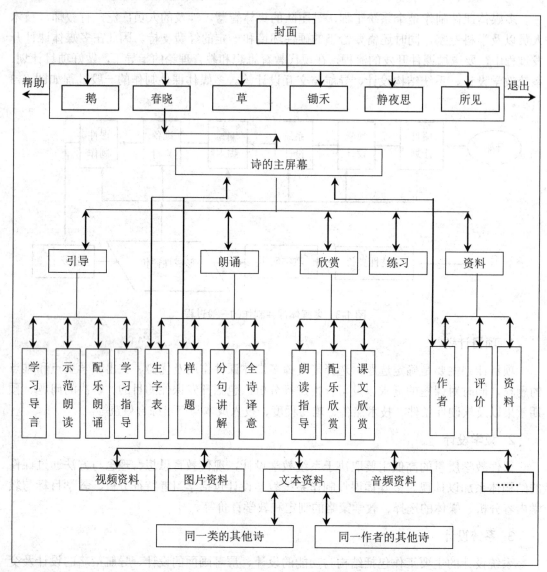

图1-4 "小学语文古诗欣赏"多媒体课件结构

4. 编写脚本

脚本是对课件设计的文字描述，是课件设计制作的依据，对提高课件质量水平和制作效率有着重要的影响。脚本有文字脚本和制作脚本之分。

(1) 文字脚本用于描述教学内容及其呈现方式，包括教学目标分析、教学内容和知识点的确定、学习者特征分析、学习模式选择、教学策略制定以及媒体的选择等。

文字脚本可通过表格的方式进行设计，包括序号、课件的教学对象、课件的功能与特点、课件的使用方法、内容、媒体类型、呈现方式等，如表 1-1 所示。

表 1-1 课件"背影"文字脚本

学　　科	语　文	课题名称	背　影		
使用对象	八年级	课件用途	新授课	设计制作	×××
序　号	内　　容		媒体类型	呈现方式	
1	朱自清生平简介		图片、文字	朱自清图片放大，文字擦除出现	
2	朱自清主要作品介绍		文字	从上向下依次擦除呈现	
3	练习测评		文字	题目淡出，答案飞入	
4	课件朗读欣赏		视频	配乐朗诵	
5	细读训练，阅读记录		文字	呈现文字	
6	段落划分及主要内容		流程图、文字	流程图、文字依次呈现	
7	深度思考，交流讨论		文字、图片	文字呈现，图片强化	
8	导学达标，迁移深入		文字	显示文字	
9	归纳小结，系统把握		流程图、文字	流程图呈现系统结构，文字说明	
10	强化训练，巩固提高		文字	顺序呈现习题文字	
11	课后探究		文字	呈现文字	

（2）制作脚本是在文字脚本的基础上，详细说明课件标志、色彩风格、字体类型、版面布局、导航方式、呈现方式、课件结构以及交互设计等内容，如表 1-2 所示。

表 1-2 制作脚本卡片格式

页面编号		所属模块		文件名	
版面布局结构图			版面描述		
呈现顺序、效果要求			媒体呈现描述		
页面进入、退出方式			链接关系描述		

1.3　PowerPoint 课件的制作方法

1.3.1　结构化设计

我们可以将课件制作流程分为 4 个过程，如图 1-5 所示。

图 1-5　课件制作流程

1. 情境分析

情境分析模型如图 1-6 所示，在情境分析过程中要解决以下问题。

- 给谁看？
- 要达到什么目的？

……

图 1-6 情境分析模型

2. 结构设计

结构设计模型如图 1-7 所示，在结构设计过程中要解决以下问题。
- 内容有哪些？
- 如何建立逻辑框架？

……

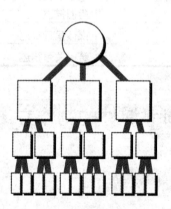

图 1-7 结构设计模型

3. 撰写美化

在撰写美化过程中要解决以下问题。
- 如何组织材料？
- 如图 1-8 所示，怎样灵活运用图形？

……

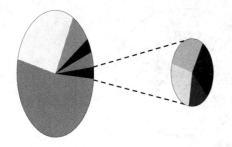 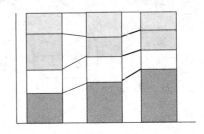

图 1-8　灵活运用图形范例

4. 演示汇报

在演示汇报过程中要解决以下问题。
- 怎样口头表达你的思想？
- 如何合理地利用幻灯片？
……

1.3.2　图形化表达

图形是 PowerPoint 重要的逻辑载体，对于图形化表达有以下几点要求。

(1) 表达形象化：通过图形的使用，可以高度浓缩文字中的含义，使听众更容易理解。

(2) 分析结构化：图形的使用有助于将表达过程中的结构展示给听众，使听众更容易理解讲演的逻辑结构。此外，这种结构也有助于讲演人自己准备和分析。

(3) 突出重点：通过对图形中的颜色和图形位置的加工，可以把重点有效地传递给听众。

在表达内容方面，图形比表格好，表格比文字好。文字、表格、图形三者各自的特点如表 1-3 所示。

表 1-3　文字、表格和图形的特点

表达方式	文字	表格	图形
特征	记录	复杂信息呈现汇总、分析	趋势呈现对比、强调
优点	录入便捷	• 信息全面 • 便于分析	• 简单直观 • 重点突出 • 对比鲜明
具体形式	• 行距 • 间隔	逻辑表格	• 概念图 • 数据图 • 逻辑图

我们可以用不同类型的图形(见图 1-9)来表达思想，主要有以下 3 种。

(1) 表达逻辑关系的概念图，主要用于表述多种对象之间的逻辑关系。

(2) 表达数据信息的数据图，主要用于清晰表述大量数据信息。

(3) 进行比喻关联的比喻图，主要用于形象化表述多种对象之间的关联性。

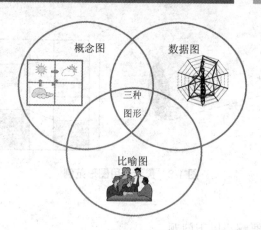

图 1-9　不同类型图形的选择

1.3.3　完美呈现的三部曲

课件的完美呈现需要如图 1-10 所示的 3 个方面内容的相辅相成，正确的格式、清晰的逻辑以及灵活的应用在课件制作中都起着重要的作用。

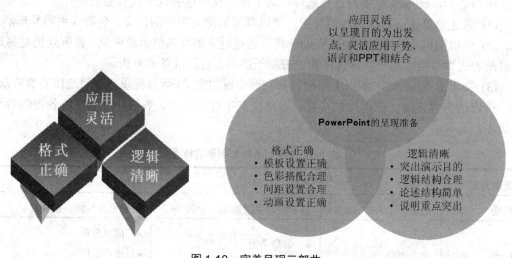

图 1-10　完美呈现三部曲

1. 格式

PowerPoint 呈现的基本原则如下。

- 幻灯片布局要满，中间要留白。
- 图形比表格好，表格比文字(数字)好，如图 1-11 所示。
- 逻辑比内容重要，内容比形式重要。
- 简单比复杂好，一切以呈现目的为依据。

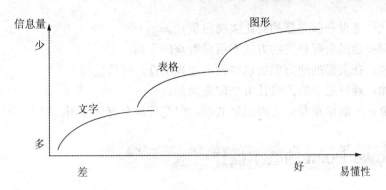

图 1-11 文字、图形、表格的运用

2. 逻辑

要把一个故事说清楚，在逻辑上要求做到以下几点：自上而下、重点突出、层次清晰、结构简单，如图 1-12 所示。

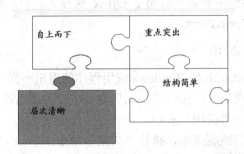

图 1-12 逻辑原则

3. 应用

为了使课件能够引人入胜，需要用到强调的集中方式，具体如图 1-13 所示。

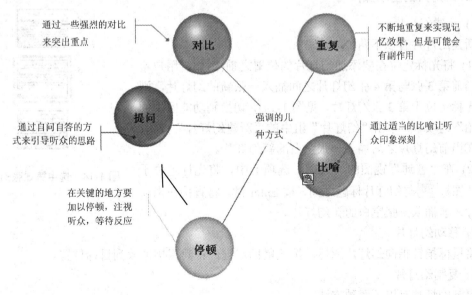

图 1-13 应用原则

- 对比：通过一些强烈的对比来突出重点。
- 提问：通过自问自答的方式来引导听众的思路。
- 停顿：在关键的地方要加以停顿，注视听众，等待反应。
- 比喻：通过适当的比喻让听众印象深刻。
- 重复：不断地重复来实现记忆效果，但是可能会有副作用。

1.3.4　PowerPoint 的基本操作

1．启动 PowerPoint 2010

依次执行"开始"→"程序"→Microsoft Office→Microsoft Office PowerPoint 2010 命令，即可进入 PowerPoint 启动界面。

也可以先在桌面上建立 PowerPoint 快捷方式，然后通过双击 PowerPoint 快捷方式图标启动 PowerPoint。如果系统中安装并启动了 Office 快捷工具栏，则单击其中的 PowerPoint 图标，同样可以启动 PowerPoint。

2．退出 PowerPoint 2010

PowerPoint 的退出方式与其他 Windows 应用程序的退出一样，有以下几种方法。

(1) 切换到"文件"选项卡，执行"关闭"命令可以关闭当前窗口。
(2) 单击窗口右上角的"关闭"按钮。
(3) 单击标题栏左侧的控制菜单，执行"关闭"命令。
(4) 双击控制菜单图标 。
(5) 右击任务栏上的 PowerPoint 窗口，在弹出的快捷菜单中执行"关闭"命令。
(6) 按 Alt+F4 组合键，即可关闭当前 PowerPoint 窗口。

3．幻灯片的基本操作

1) 新建幻灯片

新建幻灯片有以下两种方法。

(1) 将光标定位在要添加幻灯片的位置之前(例如，用户希望在当前第 3 张与第 4 张幻灯片之间插入一张新的幻灯片，则应将光标定位于第 3 张幻灯片，见图 1-14)，切换到功能区中的"开始"选项卡，单击"幻灯片"组中的"新建幻灯片"按钮，即可在当前幻灯片之后插入一张空白的新幻灯片。

(2) 在"普通"视图的"大纲"选项卡中，将光标定位于幻灯片图标 与幻灯片标题之间，按 Enter 键，将直接在当前幻灯片之前插入一张空白的新幻灯片。

图 1-14　选中第 3 张幻灯片

2) 移动幻灯片

将鼠标指针指向幻灯片图标，按住鼠标左键，将其直接拖放到目标位置。

3) 复制幻灯片

复制幻灯片有以下两种方法。

(1) 在"幻灯片浏览"视图中,单击需要复制的幻灯片,按住 Ctrl 键的同时用鼠标左键将其拖放至目标位置。

(2) 单击需要复制的幻灯片的图标,执行功能区中的"复制"命令;将光标定位于目标位置(定位方法同移动幻灯片),执行功能区中的"粘贴"命令。

4) 删除幻灯片

若要在"幻灯片浏览"视图中删除幻灯片,只需选中幻灯片后按 Delete 键即可。

若要在其他视图中删除幻灯片,只需选中该幻灯片的图标后再按 Delete 键或者选中幻灯片并右击,从弹出的快捷菜单中执行"删除幻灯片"命令即可。

1.4 回到工作场景

通过 1.2～1.3 节的学习,学生应学会创建幻灯片、删除幻灯片、复制幻灯片等基本操作,这些知识足够完成 1.1 节中的工作场景。

(1) 双击 PowerPoint 的快捷方式图标,启动 PowerPoint 2010,如图 1-15 所示。

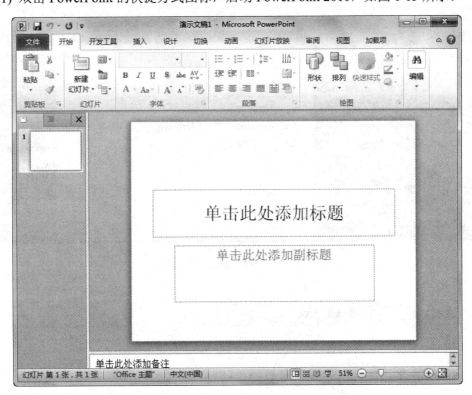

图 1-15 启动 PowerPoint 2010

(2) 单击"单击此处添加标题"文本框,然后添加所需的文字,完成第一张幻灯片的制作,如图 1-16 所示。

(3) 单击"新建幻灯片"按钮,新建一张幻灯片,并在文本框中输入相应的文字,如图 1-17 所示。

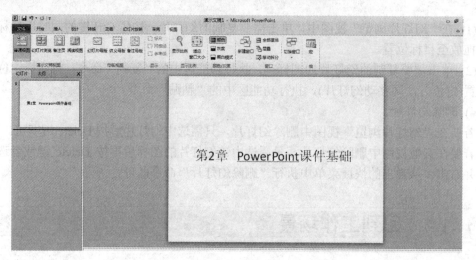

图 1-16　添加所需文字

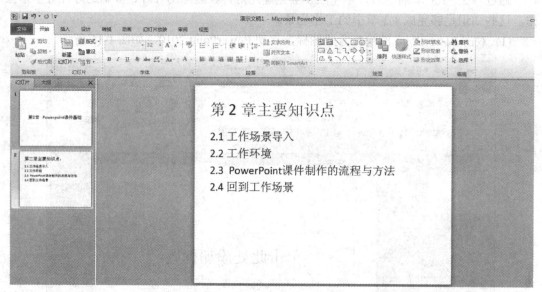

图 1-17　制作完成的幻灯片

1.5　工作实训营

1.5.1　训练实例

1. 训练内容

(1) 创建几张简单的幻灯片，练习幻灯片的创建、复制、删除等基本操作。

(2) 将几个 PowerPoint 课件进行比较，根据制作 PowerPoint 课件的原则来判断 PPT 的优劣。

2. 训练目的

掌握制作 PowerPoint 课件的一些基本操作以及学会判断 PPT 的好坏。

3. 训练过程

本训练主要考查 PowerPoint 课件制作过程中的基本操作。首先选中要处理的幻灯片，单击鼠标右键并在弹出的快捷菜单中进行创建幻灯片、复制幻灯片、删除幻灯片等操作，通过对本章的学习，可以用不同的方法完成 PowerPoint 课件的基本操作。

4. 技术要点

PowerPoint 的基本操作。

1.5.2 工作实践常见问题解析

【常见问题 1】经常需要使用"复制"和"粘贴"命令来处理文字。在功能区的哪个位置可以找到它们？

【答】在功能区的"插入"选项卡、"开始"选项卡和快速访问工具栏中都可以使用"复制"和"粘贴"命令来处理文字。

【常见问题 2】要添加一张新幻灯片，并且要在该幻灯片上插入图片，应当选择哪种版式？

【答】空白、标题和内容、仅标题 3 种版式均可以插入图片。

1.6 习题

1. 根据要求完成新建、复制幻灯片等简单操作。

(1) 新建一个 PowerPoint 文档，插入两张新幻灯片，如图 1-18 所示。

图 1-18 两张幻灯片

(2) 在第 1 张幻灯片前添加一张幻灯片，并添加标题，内容为"超重与失重"，字体为"宋体"。

(3) 将整个幻灯片的宽度设置成 28.8 厘米。

(4) 在最后添加一张"空白"版式的幻灯片。

(5) 在新添加的幻灯片上插入一个文本框,文本框的内容为 The End,字体为 Times New Roman。

2. 根据要求完成 PowerPoint 2010 的打开、字体设置、幻灯片的删除等简单操作。

(1) 打开 PPT1 文件,得到如图 1-19 所示的 4 张幻灯片。

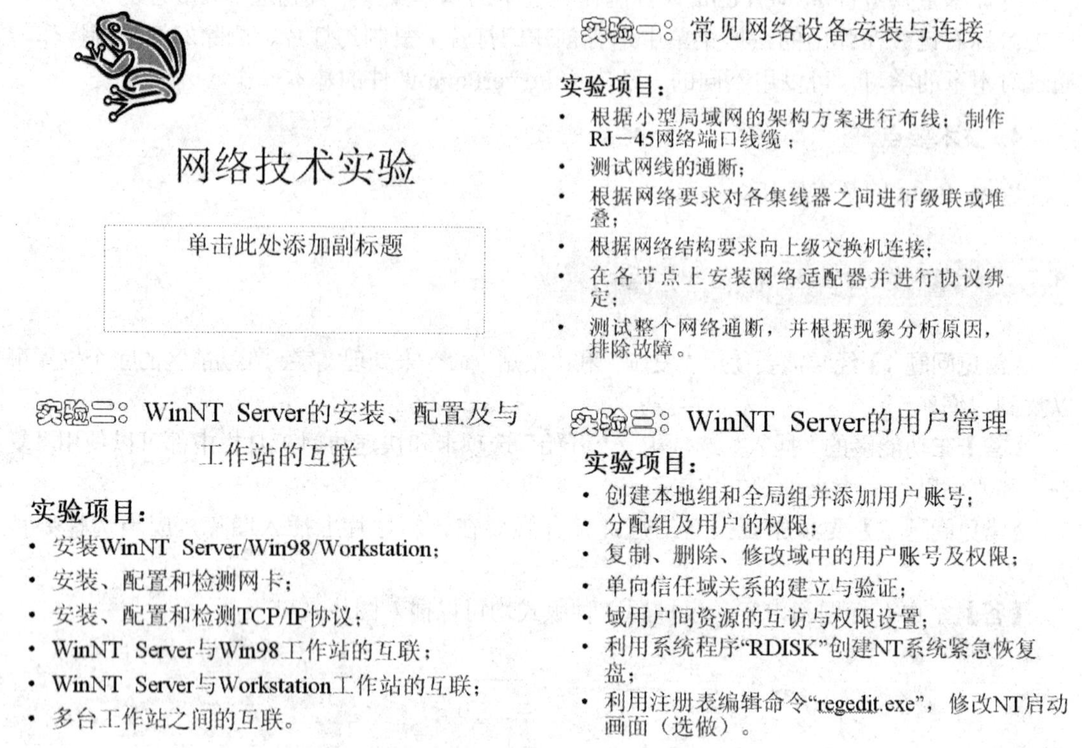

网络技术实验

单击此处添加副标题

实验一:常见网络设备安装与连接

实验项目:
- 根据小型局域网的架构方案进行布线;制作 RJ—45 网络端口线缆;
- 测试网线的通断;
- 根据网络要求对各集线器之间进行级联或堆叠;
- 根据网络结构要求向上级交换机连接;
- 在各节点上安装网络适配器并进行协议绑定;
- 测试整个网络通断,并根据现象分析原因,排除故障。

实验二:WinNT Server 的安装、配置及与工作站的互联

实验项目:
- 安装 WinNT Server/Win98/Workstation;
- 安装、配置和检测网卡;
- 安装、配置和检测 TCP/IP 协议;
- WinNT Server 与 Win98 工作站的互联;
- WinNT Server 与 Workstation 工作站的互联;
- 多台工作站之间的互联。

实验三:WinNT Server 的用户管理

实验项目:
- 创建本地组和全局组并添加用户账号;
- 分配组及用户的权限;
- 复制、删除、修改域中的用户账号及权限;
- 单向信任域关系的建立与验证;
- 域用户间资源的互访与权限设置;
- 利用系统程序"RDISK"创建 NT 系统紧急恢复盘;
- 利用注册表编辑命令"regedit.exe",修改 NT 启动画面(选做)。

图 1-19 4 张幻灯片

(2) 将第 2 张幻灯片的版式设置为"垂直排列标题与文本",将它的切换效果设置为"水平百叶窗",速度为默认。

(3) 删除第 3 张幻灯片中一级文本的项目符号。

(4) 将第 3 张幻灯片的背景过渡颜色设置为"雨后初晴"。

(5) 将第 1 张幻灯片主标题的字体设置为"华文彩云",字号为默认。

3. 请同学们以"我的大学生活"或"我的大学校园"为主题进行 PowerPoint 作品创作,要求如下。

(1) 主题要明确。选题适当、立意深远、风格淡雅、健康向上,具有较强的审美能力与表现能力。

(2) 布局结构要清晰。结构清晰,布局严谨,节奏紧凑流畅,突出选题内容。

(3) 色彩搭配要合理。色调要符合主题思想、对比度要强烈、饱和度要丰富。原则上一件作品应当有一个主色调,2~3 种次色调,不可用 5 种以上,以免造成视觉上的混乱。

(4) 文字编排要统一。文字素材不可大段堆砌,字间距与行间距要合理,预留上下左右的边距。选用的字体不要超过 3 种,字号要在 30 号以上,文字的字体、字号、颜色、位置、动作、变换、造型要合适，速度要适中。

(5) 图片和图表要统一。图片素材要清晰，大小要适度；图表内容要简洁，突出主题，两者要相互配合。

(6) 作品内容控制在10页以内。每页的标题要醒目且只表达一个主题，幻灯片切换或动作效果不要超过3种。

(7) 背景音乐要烘托主题，切换效果音乐不可超过3种。

(8) 应提前做好作品的构思、布局、效果的设计，不使用与主题无关的素材。

(9) 作品检查与测试。请别人在其他计算机上检查与测试，严禁错别字、逻辑错误、动作错误。

(10) 将演示文稿打包输出后提交。

第 2 章

PowerPoint 课件界面和导航设计

 本章要点

- 课件界面设计的基本原则
- 界面设计的基本方法
- 母版技术在课件制作中的使用
- 导航界面的设计

 技能目标

- 掌握界面设计的基本方法
- 熟练掌握母版的使用
- 掌握导航界面的设计方法

多媒体课件是由多种视觉、听觉元素所组成的综合体，其中视觉元素占有极其重要的地位，它是多媒体教学中传递教育信息最重要的手段。一个制作精美的课件不仅能帮助教师进行很好的教学，使学生便于理解和记忆，达到事半功倍的教学效果；同时也是听觉、视觉等感官上富有神韵的综合美的享受，使学生在学的过程中逐步提高自己的审美观。

但事实上许多课件的内容很充实，界面设计却很简单，而且布局单一、结构不合理，使得花费大量时间和精力制作的课件由于缺乏美感和吸引力而达不到预期的教学效果。

2.1 工作场景导入

【工作场景】

在 PowerPoint 中有许多母版可以供大家选择，而且使用起来也很方便，只需单击即可。若用户需要长期使用一个母版作为自己的 PowerPoint 文档的专用模板，而微软提供的母版并不是自己想要的，那么就需要自己动手制作所需要的母版，制作如图 2-1 所示的母版，供以后制作课件时使用。

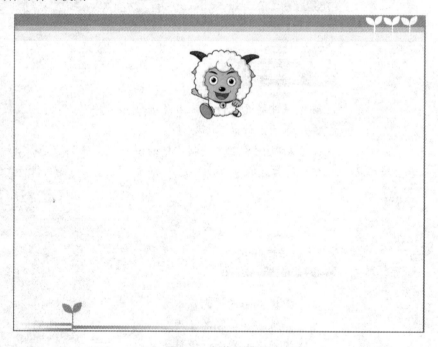

图 2-1　制作的模板

【引导问题】

(1) 什么是母版？
(2) 如何创建母版？
(3) 如何保存母版？

2.2 课件界面设计的基本原则

PowerPoint 课件的界面设计主要包括屏幕版面设计、色彩设计和显示次序设计，这些是影响信息呈现效果的重要因素。

屏幕版面设计是对幻灯片内的媒体布局进行统筹安排，为文字、图形、图像、影像等进行定位以及信息量和大小设计，力求做到主次分明，符合视觉传达规律，如一次呈现一两个概念(避免出现大篇幅的文字)，主要教学内容处于醒目位置并占据主体面积等。

其主要原则有以下几点。

1. 简洁明了

界面设计最重要的原则就是简洁明了，从美学的角度来讲，整洁、简单明了的设计更有可取性。课件的操作界面避免烦琐，内容应力求准确、简洁，尽可能用较少的文字或简单的图表来表达所需的信息，突出重点，避免画面做得过于花哨，并且同一画面的对象不宜过多，否则将分散学生的注意力，降低学习效果。课件内容宜言简意赅，文字简练精辟，过多的文字容易使人视觉疲劳，而且干扰学生的感知；若确需大量文字，可采用语言声音的方式来代替。主题内容宜置于画面中部醒目的位置，可以在显示中使用黑体字、加下画线、增大字的宽度、闪烁、反白和彩色来强调某些重要的、期望引起学习者注意的信息，而精心选择一些简洁的线条和清新典雅的图案构成背景，不仅可以赋予课件形式美，而且可以赋予课件艺术品位。

但是，在实际的 PowerPoint 课件制作过程中会遇到很多问题，那么该如何应对呢？

(1) 我的 PowerPoint 课件要用的文字实在简化不了，怎么办？

思路一：提炼关键词，如图 2-2 所示。

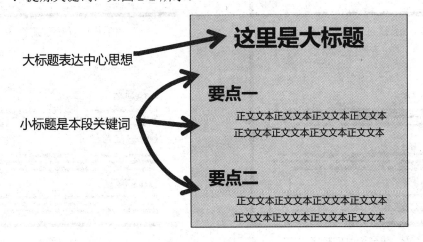

图 2-2　提炼关键词

思路二：利用行间距留白，如图 2-3 所示。

图 2-3 利用行间距留白

思路三：巧妙排版，如图 2-4 所示。

(a) 横向无时间顺序　　　　　　　　　　(b) 横向有时间顺序

(c) 纵向无时间顺序　　　　　　　　　　(d) 纵向有时间顺序

图 2-4 巧妙排版

(2) 我的 PowerPoint 信息量太大(见图 2-5)，怎么办？

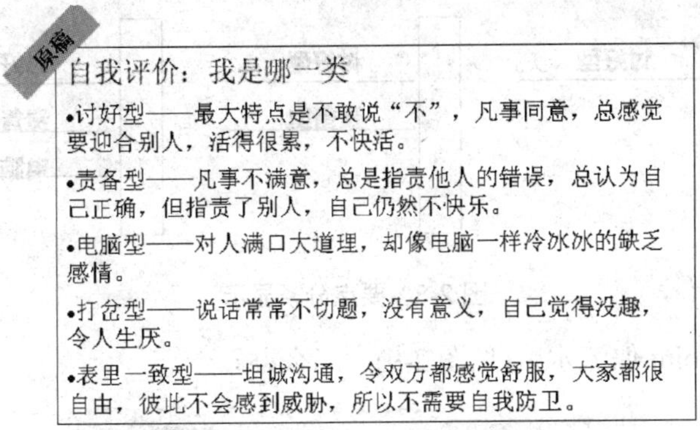

第 2 章　PowerPoint 课件界面和导航设计

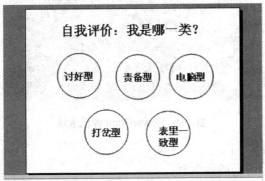

图 2-5　PowerPoint 信息量大

思路一：充分利用备注，如图 2-6 所示。

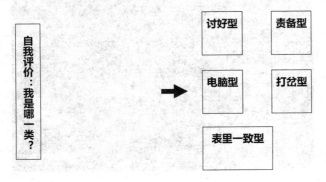

图 2-6　充分利用备注

思路二：拆成多个页面，如图 2-7 所示。

图 2-7　拆成多个页面

思路三：要点分条显示，如图 2-8 所示。

图 2-8　要点分条显示

(3) 我的 PowerPoint 像流水账(见图 2-9)，怎么办？

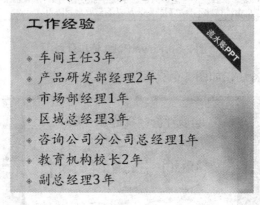

图 2-9　PowerPoint 像流水账

PowerPoint 优化思路如下。

① 卖点：从工作经历到职业生涯。

② 手法：图形化——上升曲线。

③ 素材：补充更多细节信息。

④ 知识点：金字塔原理——时间轴。

优化后的 PowerPoint 如图 2-10 所示。

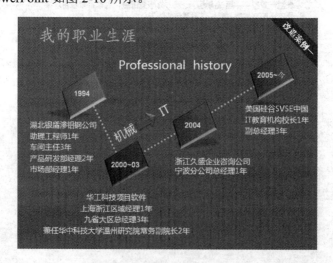

图 2-10　优化后的 PowerPoint

2. 色彩协调

色彩设计是指对幻灯片的色彩基调、布局、对比、风格等作协调安排。色彩设计很重要，有的老师用色彩绚丽的背景，结果其上的文字融于其中，学生辨认困难；有的老师使用的字体色彩与背景色彩相近，造成文字模糊。

色彩设计的一般原则是总体协调、局部对比，具体如下。

(1) 色彩风格要与主题、科目、学生特征(如年龄)等相符，如对于小学生可以用绚丽的色彩。

(2) 色彩基调为内容服务，基调统一，切忌随意变化。

(3) 用好色彩对比与饱和度，适当增强背景色调与信息符号色调的对比，以深色的背景衬托浅色的内容；反之亦然。

(4) 参考色彩的心理学效应和行业象征性。下列背景色和文字颜色的组合就很合适：白色背景黑色文字、黑/灰色背景白色文字、蓝色背景白色文字，如图 2-11 所示。色块不宜使用红—绿、红—蓝、绿—蓝、蓝—黄等色彩搭配，这些色彩组合会在边界产生振荡和余像。

图 2-11　协调的色彩搭配

(5) 注意色彩失真问题。老师开发课件时使用的 CRT 或 LCD 显示器的显示效果与教室内的投影仪的显示效果会有所差异，最突出的是投影仪显示色彩看上去比较暗淡，画面的细微处会变得比较模糊，例如细线条或宋体字体中的横向笔画，可以采取适当增加对比度、对字体进行加粗等措施弥补。

3. 视觉化

幻灯片制作中应注重放映时的视觉效果，充分利用图文之间的结合，制作出令人赏心悦目的幻灯片。下面来看几个利用图文结合使幻灯片视觉化的实例。

图 2-12 是一张介绍杰克·韦尔奇的幻灯片，也许你觉得这已经是很视觉化的表现效果了，但请看图 2-13 所示的幻灯片，是不是有不一样的效果？

你们知道了，但是我们做到了。

杰克·韦尔奇 1960 年在 GE 公司开始自己的职业生涯，1981 年成为该公司的第八任董事长兼 CEO。在任期间，GE 公司的市值增长到 4000 亿美元，高居世界第一。

图 2-12　修改前的幻灯片

图 2-13　修改后的幻灯片

另外，还可以利用网格快速对齐大量图片，如图 2-14 和图 2-15 所示。

图 2-14　修改前的幻灯片

图 2-15　修改后的幻灯片

4．注意显示次序，使幻灯片播放流畅

显示次序设计是指根据教学内容和课堂活动设计幻灯片的显示次序，包括页面内的媒体元素间的显示次序、页面间的显示次序、呈现时间以及动画效果的设计。页面内，媒体元素一般随教学进度显示，注重刺激的时效性、新颖性。页面间显示的顺序要自然、连贯，时间不能过快或过慢，以学生充分接收信息为限。幻灯片间的切换效果要统一，切忌随意变化，一般随主题而定。注意不同的切换有不同的效果，比如，直接切换显得轻快、利索，淡入淡出可以表示时间的流逝和情境的变迁等。

2.3　界面设计的基本方法

2.3.1　修饰演示文稿

对于演示文稿，可以通过使用设计模板、修改母版和调整配色方案 3 种方法来控制幻灯片的外观，从而使所有幻灯片具有统一的风格。同时通过背景设计，可以修改幻灯片的背景颜色及其填充效果。

1. 设计模板的选择

设计模板以文件形式出现,其扩展名为.pot,其中定义了配色方案、标题母版、幻灯片母版以及一组精心设计的背景对象,还包括各种插入对象的默认格式。

(1) 若用户想要修改当前演示文稿的模板,可以采用以下方法。

① 在功能区中打开"设计"选项卡,如图 2-16 所示。

图 2-16 "设计"选项卡

② 在模板列表框中选择所需的设计模板并单击即可。

(2) 若用户想将当前演示文稿保存为模板,供以后创建新的演示文稿时使用,可以采用以下方法。

① 执行"文件"选项卡中的"另存为"命令。

② 在打开的"另存为"对话框中设置"保存类型"为"演示文稿设计模板"。

2. 配色方案的使用

在设计模板和母版中,幻灯片的颜色是通过一套配色方案来设置的。既可对演示文稿中的所有幻灯片设置一种配色方案,也可以对单张幻灯片独立设置一种配色方案。配色方案由 8 种颜色组成,包括一种背景颜色和用于显示特定对象的 7 种颜色。

1) 查看和选择标准配色方案

(1) 打开演示文稿后,在功能区中打开"设计"选项卡,单击右侧的"颜色"按钮,如图 2-17 所示。

图 2-17 展开配色方案列表项

(2) 在"内置"配色方案列表中将光标置于要选择的配色方案上。

(3) 右击选中的配色方案后弹出快捷菜单,如果执行"应用于所有幻灯片"命令,则演示文稿中所有幻灯片均采用当前所选的配色方案;如果执行"应用于所选幻灯片"命令,则仅当前幻灯片采用所选配色方案,如图 2-18 所示。

图 2-18 选择幻灯片的配色方案

2) 自定义配色方案

(1) 在配色方案列表框的底部,执行"新建主题颜色"命令,在弹出的"新建主题颜色"对话框中选择所需颜色,如图 2-19 所示。

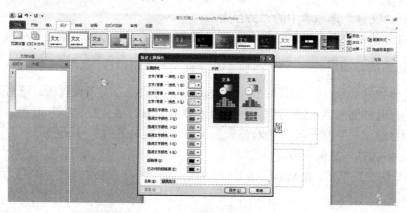

图 2-19 编辑配色方案

(2) 对"背景""文本和线条""阴影""标题文本""填充""强调""强调文字和超链接"等 8 种颜色进行设置。修改任一对象的颜色后,可单击"添加为标准配色方案"按钮,将当前的颜色配置保存为标准的配色方案,供用户以后选用。

3) 复制配色方案

当用户需要将某一张幻灯片的配色方案应用到另一些幻灯片上时,可以复制配色方案,其操作步骤如下。

(1) 切换到功能区的"开始"选项卡,选中设定好配色方案的幻灯片。

(2) 双击"开始"选项卡中的"格式刷"按钮 。

(3) 在需要复制配色方案的幻灯片上单击即可。

4) 背景颜色和填充效果

(1) 选中需要改变背景颜色的幻灯片。

(2) 在功能区中打开"设计"选项卡,单击界面右侧的"背景样式"按钮,如图 2-20 所示。

第 2 章　PowerPoint 课件界面和导航设计

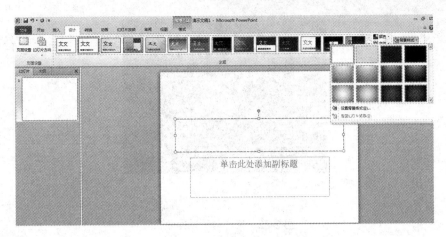

图 2-20　背景样式选择

(3) 执行"设置背景格式"命令，将出现如图 2-21 所示的"设置背景格式"对话框。单击"全部应用"按钮，则背景修改适用所有幻灯片；单击"关闭"按钮，则背景设置仅对当前幻灯片有效。若选中"隐藏背景图形"复选框，则母版中设计的背景图形将不在幻灯片中显示。

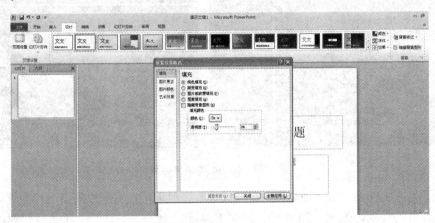

图 2-21　"设置背景格式"对话框

(4) 单击"设置背景格式"对话框中"颜色"下拉按钮，可在其中选择其他背景颜色；也可选择"渐变填充""图片或纹理填充""图案填充"选项，对背景的填充效果进行设定。

2.3.2　界面的布局方法

设计课件界面，需要掌握简单的布局方法，很多课件的界面就是通过对课件内容要素的排列来完成的。因此最基本的学习过程就从学习布局开始。

(1) 完成课件界面元素制作。如一个以图片展示为主题的课件界面，一般包括图片及图片的标题、图片说明等要素，要先把这些内容做好。图 2-22 是没有添加任何修饰的课件效果。

图 2-22 修饰前的课件效果

(2) 根据版面,对这些内容要素的位置、大小进行排版,并添加样式等。如可以对图片添加边框、调整文字的色彩、添加背景等。同样的内容,排版不同,风格自然不同。修饰后的课件效果如图 2-23 所示。

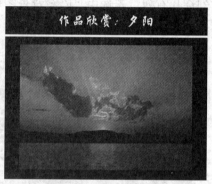

图 2-23 修饰后的课件效果

(3) 可以利用 PowerPoint 功能区中的"设计"选项卡,为幻灯片应用一种主题,从而快速改变幻灯片的外观,如图 2-24 所示。所谓 PowerPoint 的主题,是一种可以快速改变幻灯片颜色、字体以及样式效果的一整套设置。

图 2-24 为幻灯片设计主题

(4) 如果系统内置的主题不能满足要求，可以更改颜色、字体及样式。

2.3.3 课件封面

如果按课件的结构及功能为课件的界面进行分类，通常一个课件的界面可以分为以下几种类型：课件封面、课件主界面、课件内容界面、课件帮助界面和课件退出(结束)界面。其中课件内容界面变化较多，一般根据其展示的内容进行一定的变化，这样也可以让课件界面看起来统一并有变化。

另外，在课件的开始部分即课件封面出现之前，有的还会有课件片头动画，在课件的结束界面也通常有动画出现。

课件封面一般是课件开始使用时展示给用户的第一个界面，它包括课件的标题、老师与单位的基本信息、开始的链接，以及必要的说明等。其最大的功能是容易引起使用者的注意，告诉使用者一些基本信息。

像书的封面一样，课件封面要力求设计新颖、有创意，给人一种焕然一新的感觉。

设计课件封面的要素一般为文字和图片，为了增加感染力，可以在此界面外播放与课件内容主题相符的背景音乐，添加 Logo 或部分修饰动画元素等，如图 2-25 所示。

图 2-25　课件封面

课件封面的设计主要是课件标题的布局设计,一般封面都是基于"图片+标题"方式。

2.3.4 课件主界面

PowerPoint 课件的主界面一般是幻灯片的导航界面,有的课件主界面与封面是合二为一的。

通常,PowerPoint 课件的主界面就是一页目录幻灯片,如图 2-26 所示。

图 2-26 课件目录界面

对于课件来说,主界面应当包括课件的主题内容结构并能进行相应的跳转。

课件主界面上的目录与后面介绍的导航设计方式相同,只是主界面没有导航那样的版面限制,所以版面设计要灵活得多,如图 2-27 所示。

图 2-27 灵活的课件目录界面

图 2-28 中的课件界面则做了很大的变化,无论是从位置还是按钮的形态上都做了优化,

以便与课件使用对象的年龄相符。

图 2-28 优化的目录排列

2.3.5 课件内容界面

一般课件中内容界面最多，对于内容界面的设计要求是：风格统一，内容部分要占据界面的主要位置，容易被学习者关注和阅读，如图 2-29 所示。

图 2-29 课件内容界面

为了吸引学习者的注意，最常用的内容界面是利用框架形式，即在呈现内容部分时用框架将其"包围"，如图 2-30 所示。

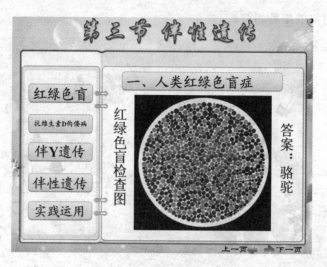

图 2-30　带框架的课件内容界面

具体内容的呈现也可以利用框架形式，如图 2-31 所示。

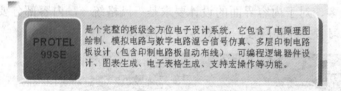

图 2-31　带框架的课件内容显示

在内容界面中，除了要考虑显示内容的位置与面积外，还应当考虑内容的呈现方式与顺序。为了帮助学生注意与理解所呈现的内容，课件多采用多媒体/多通道(感观)的方式来呈现内容，如图 2-32 所示。

图 2-32　课件内容界面

2.3.6 课件的帮助界面

课件界面的设计要简洁，也要友好。所谓界面友好，就是要让用户明确课件界面中各元素的功能，不要产生歧义。比如一个按钮的设计，如果用户不知道是干什么用的，或者是看到"返回"按钮却不明白是返回上级内容，还是返回主菜单，觉得迷糊，就没有做到友好性。

课件的友好性还体现在尊重用户的操作习惯上，很多教师与学生在长期使用计算机的过程中对一些操作都有相对固定的认识，课件界面设计就应当遵从这种约定与认识。

课件的帮助界面一般是为使用者提供课件的使用帮助信息，但并非所有的课件都有帮助界面。课件的帮助与使用说明，有的是以文档的方式提供，有的是通过文字说明或鼠标悬停告诉用户软件的操作流程与功能并整合到课件中，也有的是制作独立的课件帮助界面，如图 2-33 所示。

图 2-33　课件帮助界面

通过文字指示，可以帮助用户明确按钮的功能。如图 2-34 所示，通过按钮等指示，帮助用户明确课件的使用流程。

除了以上为用户提供的帮助和指导信息外，很多课件中还设计了专门的帮助界面，通常包括以下内容。

图 2-34　课件中的按钮指示

（1）课件制作工具与所需要的运行环境，如需要安装使用的软件、计算机屏幕分辨率大小、字体等素材资源目录结构等。

（2）课件的结构与操作顺序指南，包括课件的结构图、课件中各部分元素功能的说明、操作方法等。

（3）课件的使用范围与适用对象，学习者需要做哪些准备，需要知道哪些基础知识。

（4）课件的教学设计思想与过程，以及课件的使用方法与教学情境介绍。

（5）也有把课件制作者的基本信息一并整合到课件帮助界面中的情况。

2.3.7 课件的退出界面

退出界面大致有两种形式：一是说明型，即说明课件制作者、参与人员等；二是致谢型，即使用"谢谢观赏""批评指正"等内容。

1．说明型

说明型退出界面，一般是在结束课件时呈现课件参与人员等相关信息，通常出现在学术报告、讲座等场合，如图 2-35 所示。

一般此类结束界面采用文字动画(自下而上，然后消失)的形式，出现的信息也很多。

2．致谢型

致谢型退出界面，一般是在结束课件时呈现对观众的感谢语，通常出现在公开课的课件、报告讲座中，如图 2-36 所示。

此类型退出界面多以文字居中的形式出现，当然也可以选择团队合作、握手等一类的图片作为界面中的修饰元素。

图 2-35　说明型退出界面　　　　　　　图 2-36　致谢型退出界面

2.4　母版技术在课件制作中的应用

在学校里，老师都选择 PPT 作为课件制作工具，那么如何让自己制作的课件更好看呢？有的老师喜欢找一些漂亮的模板，利用模板来修饰和美化课件。实际上在 PPT 中还有一个母版工具，利用母版设计制作课件界面比使用模板更高效。下面就来一起学习什么是母版，以及如何利用母版。

2.4.1　母版概述

1．什么是母版

想一想，如果要制作 10 个橡皮泥娃娃，你是一个一个去捏吗？当然，你可以一个一个去捏，但最好的方法是制作出一个模具，然后把橡皮泥放到模具里就可以了，这样做不仅高效，而且最大的优点在于，如果你需要修改娃娃的形象，只需要更改模具即可，而不是重头再一个一个去捏。

母版就是幻灯片的模具。虽然 PPT 课件里的幻灯片各不相同，但有很多张幻灯片会使用相同的背景、相同的导航结构、相同的提示信息、相同的字体格式等，为什么不把这些相同的东西做到母版(模具)里呢？这样就可以利用母版统一设计幻灯片的背景、幻灯片的导航和幻灯片上的文字格式。或者说，如果你想在多张幻灯片上显示相同的元素，那么处理元素最好的方式并不是直接添加到幻灯片上，而是添加到母版上。

2．母版和模板有什么区别

相比母版，大家更熟悉模板，实际它们是交织在一起的，很多幻灯片模板都是利用母版设计出来的。模板最大的功能就是提供了统一设置幻灯片或部分幻灯片背景的方法，但却没有批量修改幻灯片背景和幻灯片上对象的功能，如果要批量修改幻灯片的背景及上面的对象必须要利用母版功能。

若想把一个 PPT 课件里的标题文字统一修改为黑体，字号大小为三号，利用幻灯片的模板是无法实现这样的功能的。

所以母版与模板都可以同时设置多张幻灯片的背景及风格，但母版具有编辑修改功能。

2.4.2 母版的使用

母版是一种特殊形式的幻灯片，用于统一演示文稿中幻灯片的外观，控制幻灯片的格式。PowerPoint 提供的母版分为 3 种，即幻灯片母版、讲义母版和备注母版，分别用来控制幻灯片、标题幻灯片、讲义和备注的格式。一旦用户对母版的内容作了修改，这种变化在新模板所定义的母版中就将保留下来。

幻灯片母版定义了幻灯片的布局信息，包括设置标题文本和段落文本的字体、字号、颜色等基本特征，插入日期和时间、幻灯片编号及页脚，设定幻灯片的背景色和一些特殊效果。

标题幻灯片的样式(包括标题与副标题的格式)和讲义母版用于控制打印演示文稿讲义时的外观，设置页眉和页脚、日期和时间、幻灯片编号以及每页所打印的幻灯片的个数。

备注母版主要设定幻灯片及其备注文本的位置，影响备注页的外观。

1．建立幻灯片母版

幻灯片母版通常用来统一整个演示文稿的幻灯片格式，一旦修改了幻灯片母版，则所有采用这一母版建立的幻灯片格式也随之发生改变。建立幻灯片母版的步骤如下。

(1) 启动 PowerPoint，新建或打开一个演示文稿。

(2) 单击"视图"选项卡中的"幻灯片母版"按钮，进入幻灯片母版视图状态，此时"幻灯片母版"选项卡也随之展开，如图 2-37 所示。

图 2-37　"幻灯片母版"选项卡

(3) 单击"字体"按钮 字体，在弹出的下拉菜单中选择所需的字体，若想自己设置字体，可执行"新建主题字体"命令，在弹出的如图 2-38 所示的对话框中设置好相应的选项后单击"保存"按钮返回。

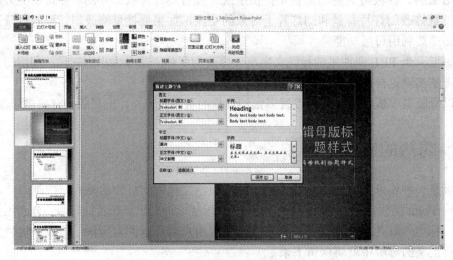

图 2-38　设置母版字体格式

(4) 右击"单击此处编辑母版文本样式"及下面的"第二级""第三级"等字符，仿照上面第(3)步的操作设置好相关格式。

(5) 分别选中"单击此处编辑母版文本样式""第二级""第三级"等字符，单击鼠标右键，在弹出的快捷菜单中执行"项目符号和编号"命令，打开"项目符号和编号"对话框，设置一种项目符号样式后，单击"确定"按钮，即可为相应的内容设置不同的项目符号样式。

(6) 选中"页脚"复选框，即可对日期区、页脚区、数字区进行设置，如图 2-39 所示。

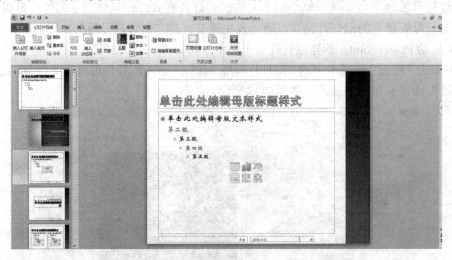

图 2-39　设置页脚

(7) 单击"插入"选项卡中的"图片"按钮，打开"插入图片"对话框，展开事先准备好的图片所在的文件夹，选中该图片将其插入母版中，并定位到合适的位置。

(8) 全部修改完成后，单击"幻灯片母版"选项卡"编辑母版"组中的"重命名"按钮，打开"重命名版式"对话框(见图 2-40)，输入一个名称(如"标题和内容")后，单击"重命名"按钮。

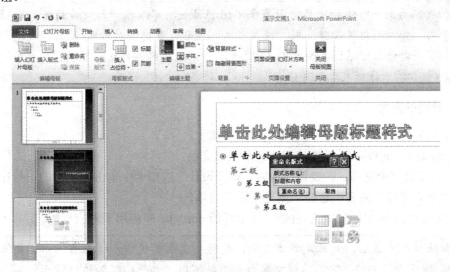

图 2-40 重命名母版

(9) 单击"幻灯片母版"选项卡中的"关闭母版视图"按钮，则幻灯片母版制作完成。

2．建立标题母版

前面提到，演示文稿中的第一张幻灯片通常使用标题幻灯片版式。现在就为这张相对独立的幻灯片建立一个标题母版，用以突出显示演示文稿的标题。建立标题母版的步骤如下。

(1) 在幻灯片母版视图状态下，单击"幻灯片母版"选项卡中的"插入幻灯片母版"按钮，进入标题母版状态，如图 2-41 所示。

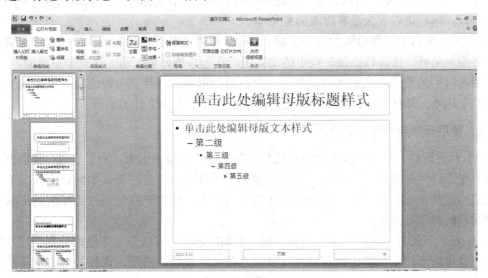

图 2-41 新建标题母版

(2) 仿照上面建立幻灯片母版的相关操作，设置好标题母版的相关格式。

(3) 设置完成后，退出幻灯片母版视图状态。

> **技巧：** 如果想为某一个演示文稿使用多个不同的母版，可以在"幻灯片母版"选项卡中，单击"插入幻灯片母版"或"插入版式"按钮，新建一对母版(此时，大纲区中又增加了一对母版缩略图，如图2-42所示)，仿照上面的操作进行编辑修改，并进行重命名(如"演示母版之二"等)。

3．母版的应用

母版建立好以后，下面将其应用到演示文稿上。

(1) 启动PowerPoint，新建或打开某个演示文稿。

(2) 当新建一个文档，需要该模板时，在"设计"选项卡中单击主题后的下拉按钮，从弹出的"所有主题"列表中选择"浏览主题"选项。

(3) 双击想要应用的母版文件(如"演示母版.pot")，即使用了对应母版。

> **注意：** 母版修改完成后，如果是新建文稿，请仿照上面的操作，将当前演示文稿保存为模板(演示母版.pot)，供以后建立演示文稿时调用；如果已经制作好演示文稿，则可以仿照上面的操作，将其应用到相关的幻灯片上。

4．如何利用母版设计与制作课件界面

利用母版制作课件界面，关键要做两件事情。

(1) 考虑好课件界面的布局，分好导航区、内容区及美化区，为不同的界面类型设计不同的母版。

导航区主要是提供课件的导航结构，美化区主要是幻灯片上的修饰元素。

课件界面主要包括封面、主界面、内容界面和结束界面等。

(2) 提出幻灯片中的共同要素，决定哪些内容需要放在母版中。尽量做到课件界面与内容相分离，这样可以大大提高母版的重用率。

图2-43为PPT课件母版的一个示例。其中，母版2是课件的封面，母版3和母版4是内容界面，另外，还可以添加一些小的动态图片作为修饰元素，第5张是结束界面。

随着时间的积累，大家都可以拥有一个自己的母版库。我们可以为每种类型的界面多制作几个风格，那样作起课件界面就会更快了，也会有更多个性的选择。

5．使用母版应当注意的问题

(1) 利用遮挡。因为母版上面的对象都会在幻灯片上显示出来，为了高效，我们也不会为每一张幻灯片都制作一个母版，那样也就失去了母版的意义，那么如何让一些对象不在特别的幻灯片上显示出来呢？我们可以在这些幻灯片上绘制一些与前景色相同的形状，把不想显示的对象遮挡住。

(2) 在利用幻灯片母版设计界面时，利用绘制的形状，可以非常方便地分割幻灯片的布局，在这里应当注意长宽比例，以及背景颜色与文字颜色的搭配。课件界面要求简洁，不要使用太多色彩，但对比一定要强，以保证投影效果。

第 2 章　PowerPoint 课件界面和导航设计

图 2-42　添加后的母版缩略图

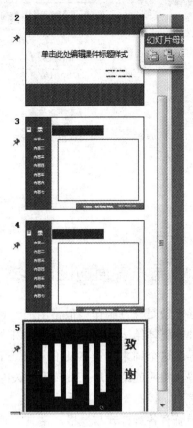

图 2-43　母版制作范例

（3）在母版上也可以添加一些自定义动画效果，或插入 Gif 动态图片以及 Flash 动画，这些动画也会在应用此母版的幻灯片上显示出来，这是美化幻灯片的一种很好的方法。

2.5　导航界面的设计

从课件界面构成来看，课件界面主要分为 3 个区域：课件内容区、课件导航区(辅助信息)和美化修饰区。

内容区是课件界面的主要部分，导航的作用主要是用来指示当前内容所处的位置，以及进行相关内容跳转的方法。

课件界面美化或装饰并不是必须在课件上体现，界面自身所采用的布局、颜色、对象大小、排列都起到了美化修饰的作用。图 2-44 所示为导航界面示例。

利用 PowerPoint 制作的课件，一般可以通过单击鼠标，对课件的内容进行一页接一页的展示。但这种课件内容展示的方式比较机械，而且让别人无从了解课件整体内容结构等方面的信息，所以在课件制作中通常利用一定的导航方式来控制课件内容的展示过程和结构。

图 2-44 导航界面示例

2.5.1 导航界面的设计形式

导航条是课件制作中最常用的一种导航方式。它一般出现在课件界面的边缘,有时显示课件的整体结构,有时显示课件内容所在的位置。

导航这个词来源于 Web 的页面设计,导航的主要功能是让用户知道自己所处的位置,并能够从相应的幻灯片上跳转到相关的内容。所以导航设置最基本的要求就是:指示清楚,有去有回,控制幻灯片的播放顺序。

导航有各种样式与风格,常见的有以下几种。

(1) 指示型的导航(见图 2-45)。这种方法可用于设计导航,也可用于设计课件内容,如可以将当前需要强调的内容设计得有别于其他内容。

图 2-45 指示型导航

此类导航的最大特点是按一定的规则组合一批图形,按幻灯片的播放位置更改特定位置的形状色彩和大小,以起到指示作用。

(2) 利用时间线等形式的形状组合进行位置指示与导航,此种方式变化较多。如图 2-46 所示,数字可以用实际所处位置的内容标题代替。它是用图示制作的内容导航:用图示做导航可以让界面活泼一些,但图示是否能显示当前内容则要看图片的选择了。

(3) 目录导航(见图 2-47)。一般目录导航可以作为课件的主要界面,因为涵盖了课件主要的内容结构,会突出显示,很难做到小巧,所以目录导航很少会出现在每张幻灯片上。使用目录导航常用来指示课件的二级结构菜单。目录的形式一般是绘制一些按钮形状进行排列，当然也可以选择图片等形式，目录导航可以灵活控制课件内容的跳转。

图 2-46　活泼的导航界面

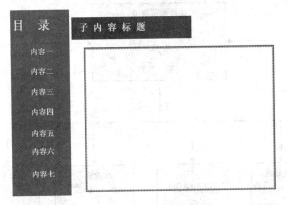

图 2-47　目录导航

(4) 按钮+标题导航(见图 2-48)。如果课件内容的结构比较复杂，在每一个课件界面都放置导航会非常困难，所以很多情况下，在课件界面上会采用变通的方式，即只标明当前幻灯片的内容与前后幻灯片的关系。

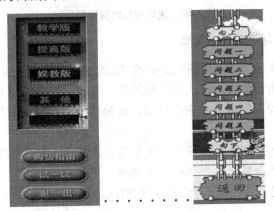

图 2-48　按钮+标题导航

注意：在课件中虽然注重导航的应用，但导航应当重视版面的布局，要小巧而灵活，不应当抢占显示课件内容的空间。

2.5.2　导航界面的设计方法

一个成功的课件，必须有课件的导航菜单。导航菜单的表现形式有多种，现以 PPT 课件为例，总结归纳如下。

1. 通过首页的超级链接设置导航菜单

一般在课件首页设置超级链接菜单。设置的可以是文字超级链接，也可以是图片超级链接。设置好超级链接后，每一小节最后一张幻灯片必须有一个"返回"按钮。这样，就实现了课件的模块操作效果。通过超级链接设置导航的示例如图 2-49 所示。

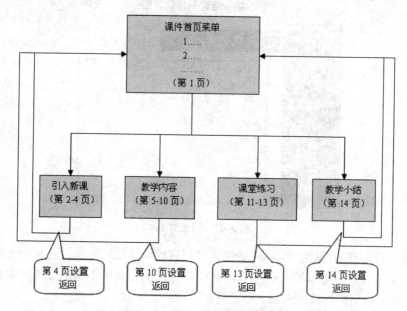

图 2-49　通过超级链接设置导航

2. 通过幻灯片母版设置导航菜单

单击"视图"选项卡"母版视图"组中的"幻灯片母版"按钮后，打开"幻灯片母版"选项卡，可以对母版进行编辑。进入母版编辑页，如果用户不喜欢原来默认的样式，则可以把所有的样式都删除，保留一个空白母版。在母版上可以设置背景、页面边框、动作按钮及菜单等功能。

例如，在母版中设置如图 2-50 所示的菜单按钮，制作好超级链接的跳转页面，保存后，则在每一张幻灯片上都会显示这个菜单。上课时，不管在课件的什么位置，教师都可以单击这个菜单来达到跳转目的，而不会因为不知道跳转页面而手忙脚乱。

图 2-50　通过母版设置导航菜单

3. 通过触发器设置导航菜单

我们还可以利用触发器制作交互课件菜单，即利用动作按钮来控制课件中目录菜单的出现。需要时单击按钮，目录菜单即出现；不需要时再单击按钮，目录菜单即消失。因为目录菜单需要在每一个幻灯片页面中根据教学的需要随时调出使用，所以必须在幻灯片母版中制作。

播放时，只有一个按钮显示在窗口中，单击此按钮时，从按钮中弹出一个菜单，再单击一下按钮，菜单收回。这个过程要配合菜单的出现方式和退出方式实现，其中的菜单项设置了超级链接。

以上几种方法的操作过程比较简单，这里不再举例。

2.6 回到工作场景

通过 2.2～2.5 节的学习，学生应学会制作 PPT 中的母版以及相关的基本操作，这些知识足够完成 2.1 节中的工作场景。

(1) 将模板图片、Logo 等素材准备好，并设置好要做的模板的字体、颜色等属性，如图 2-51 所示。

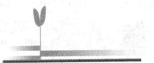

图 2-51　母版图片

(2) 新建一个 PPT 文件，显示一个空白的 PPT 文档，如图 2-52 所示。

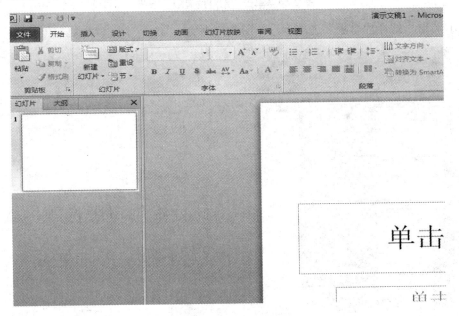

图 2-52　创建 PPT 空文档

(3) 切换到"视图"选项卡，如图 2-53 所示。

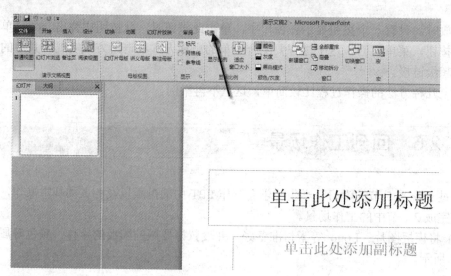

图 2-53 "视图"选项卡

(4) 单击"幻灯片母版"按钮,如图 2-54 所示。

图 2-54 单击"幻灯片母版"按钮

(5) 调出"幻灯片母版"选项卡,如图 2-55 所示。

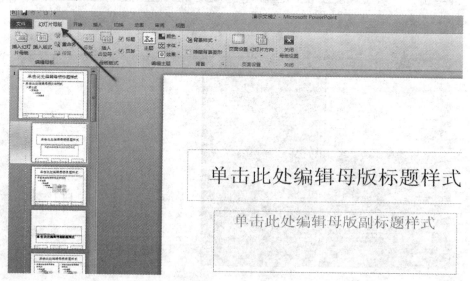

图 2-55 "幻灯片母版"选项卡

(6) 将要插入的图片插入到第一页,如图 2-56 所示。
(7) 单击"幻灯片母版"选项卡右上角的"关闭母版视图"按钮,如图 2-57 所示。

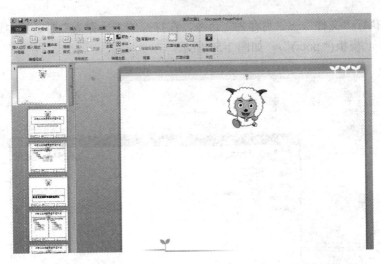

图 2-56 插入图片

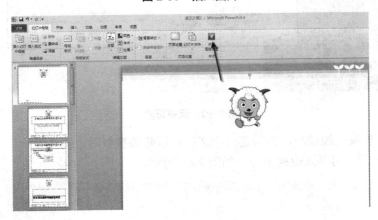

图 2-57 单击"关闭母版视图"按钮

(8) 完成母版的创建,如图 2-58 所示。

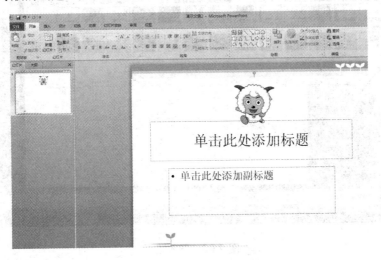

图 2-58 完成母版的创建

(9) 依次执行"文件"→"另存为"命令,在打开的"另存为"对话框中设置保存类型为"PowerPoint 模板(*.potx)",如图 2-59 所示。

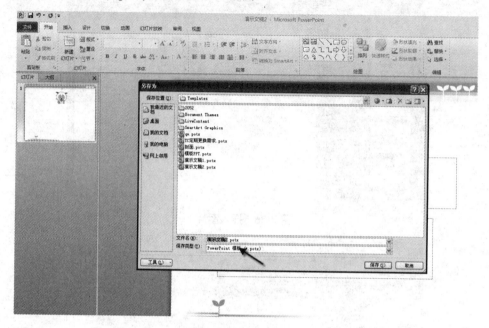

图 2-59 保存母版

(10) 此时模板已经做好,当新建一个文档,需要该模板时,在"设计"选项卡中选择"浏览主题"选项,再导入模板即可,如图 2-60 所示。

图 2-60 导入模板

2.7 工作实训营

2.7.1 训练实例

1. 训练内容

(1) 创建一个母版,根据本章介绍的知识对母版进行相应的设计。

(2) 寻找具有不同导航系统的 PPT 课件,通过比较学习各种导航的设计。

2. 训练目的

本章所学的重点主要集中在母版的设计上,为了更好地理解和使用母版,要加强母版的练习和使用。

3. 训练过程

主要考查 PPT 的母版和导航设计,根据本章所讲的内容,可以顺利实现 PPT 的母版和导航设计。

(1) 训练内容中的第一个任务可参考工作场景的解决过程。

(2) 导航界面设计主要分以下 3 种形式。

① 通过首页的超级链接设置导航菜单。

一般在课件首页,设置超级链接菜单。设置的可以是文字超级链接,也可以是图片超级链接。设置好超级链接后,每一小节最后一张幻灯片必须有一个"返回"按钮。

② 通过幻灯片母版设置导航菜单。

切换到"视图"选项卡,单击"母版视图"组中的"幻灯片母版"按钮,进入母版编辑页,如果不喜欢默认的样式,可以把所有的样式都删除,保留一个空白母版。在母版上可以设置背景、页面边框、动作按钮及菜单等功能。

③ 通过触发器设置导航菜单。

我们还可以利用触发器制作交互课件菜单,即利用动作按钮来控制课件中目录菜单的出现。需要时单击按钮,目录菜单即出现;不需要时再单击按钮,目录菜单即消失。

4. 技术要点

PPT 课件的界面设计、母版设计及导航设计。

2.7.2 工作实践常见问题解析

【常见问题】如果想使用多个母版怎么办?

以如图 2-61 所示的建党 90 周年知识竞赛幻灯片为例,由于需要将计分系统放置在母版中以达到每道题都可计分的效果,但又不希望在 PPT 的第一页中出现计分系统,因此,需要在这个 PPT 中使用不同的母版。

图 2-61　PPT 设计图片

【答】首先给建党 90 周年知识竞赛幻灯片设置好带有计分系统的母版，之后关闭母版视图，回到 PPT 界面，鼠标右击建党 90 周年知识竞赛幻灯片的第一页，在弹出的快捷菜单中选择"版式"命令，在打开的版式选择框中选择一个与母版不同的版式，就可在建党 90 周年知识竞赛幻灯片中使用不同的母版了。

2.8　习题

1. 利用一组图片制作幻灯片母版。
(1) 从网上搜索，获得两张图片，如图 2-62 所示(图片不必一模一样，类似即可)。

图 2-62　图片范例

(2) 对图片进行加工，加工后的图片如图 2-63 所示(具体学校或学院名称视情况而定)。

图 2-63 加工后的图片范例

(3) 利用图片制作母版，并调整一定的格式，最后的效果如图 2-64 所示。

图 2-64 母版范例的最后效果

2. 制作一套幻灯片母版，界面如图 2-65 所示。

要求：在目录中单击内容标题，可实现字体颜色的变化。

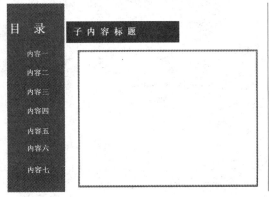

图 2-65 母版范例

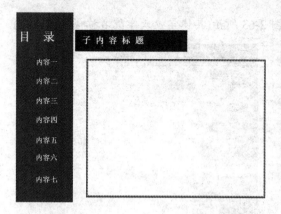

图 2-65　母版范例(续)

第 3 章

PowerPoint 课件中的图文处理

本章要点

- PowerPoint 课件中文字处理的基本操作
- PowerPoint 课件中文本处理的特殊方法
- PowerPoint 课件中图像处理的基本操作
- PowerPoint 课件中处理图像的特殊方法

技能目标

- 熟练掌握 PowerPoint 课件中文字处理的基本操作
- 掌握 PowerPoint 课件中文本处理的特殊方法
- 熟练掌握 PowerPoint 课件中图像处理的基本操作
- 掌握 PowerPoint 课件中处理图像的特殊方法

本章针对课件中的文字、图片进行探讨,介绍其在 PowerPoint 中的处理技术。文字和图片的使用是否恰当,是 PPT 课件成功与否的关键。

3.1 工作场景导入

【工作场景】

在创建 PPT 时,为了使 PPT 更加生动形象或者满足自己的需求,会对 PPT 中的文字和图片进行相应的处理。例如,需要在 PPT 中加入一张素描图片,但是只能从网上获得如图 3-1 所示的图片,需要将现有的图片插入到 PPT 中并进行相应处理,使其达到素描的效果以及所需图片的形状,并在图片下面添加艺术字。

图 3-1 给定的图片

需要创建如图 3-2 所示的 PPT。

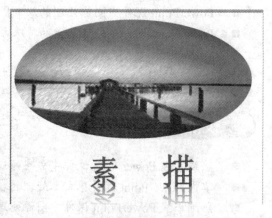

图 3-2 需创建的 PPT

【引导问题】

(1) 如何处理插入的图片?
(2) 如何输入文字?
(3) 怎样处理输入的文字?

3.2 文字处理技术

文字是教学内容的重要表达方式,也是课件中最常用的信息呈现方式。无论是课件的标题,还是学习内容中的概念、定义或对事物的描述,使用文字都是非常恰当的。文字最大的优势在于表达的意义明确,能更好地起到引导、解释作用,但形象感差。

3.2.1 PowerPoint 课件中文字处理的基本操作

在 PowerPoint 2010 中,文本处理的基本操作主要包括以下内容。

1. 文本输入

1) 利用占位符直接输入文本

在新建幻灯片时,除了"空白""内容"等幻灯片版式以外,其余多数幻灯片版式均含有文本占位符,如"标题"幻灯片版式中含有两个文本占位符。单击虚线围成的文本框,光标将出现在文本占位符位置,此时即可输入文本。如图 3-3 所示的虚线框即为文本占位符。

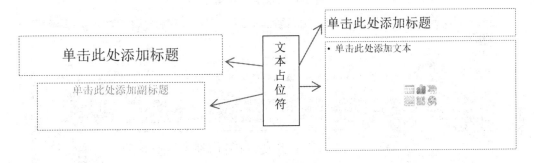

图 3-3 文本占位符

有的 PPT 制作者会把文本占位符删除或者采用空白版式来制作,其实要想快速地制作 PPT 课件,就要充分利用这些文本占位符来设置课件中的文字内容。在文本占位符中输入文字的好处如下。

(1) 快速设置文本格式。

方式一:在母版文本占位符中输入的文字,可以一次性设定文字属性。操作如下:单击"视图"选项卡中的"幻灯片母版"按钮,弹出幻灯片母版窗口,如图 3-4 所示。然后切换到"开始"选项卡,把光标定位在需要设置的文本框中,激活工具栏中的字体属性,如图 3-5 所示。

方式二:在大纲编辑视图下,选择文字,然后设置文字属性,如图 3-6 所示。

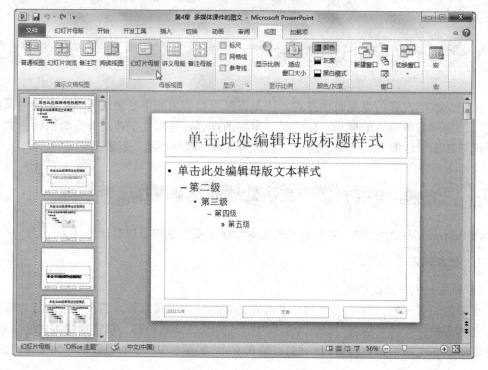

图 3-4 幻灯片母版窗口

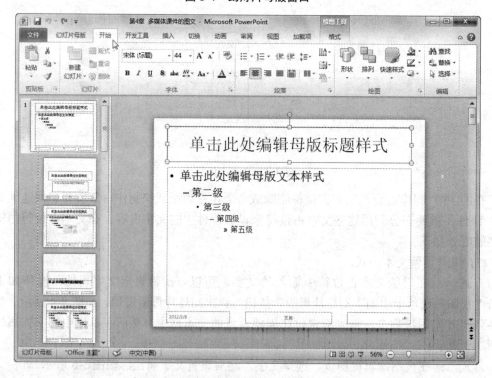

图 3-5 激活字体属性

第 3 章　PowerPoint 课件中的图文处理

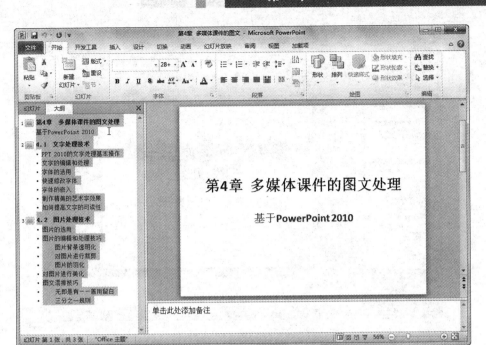

图 3-6　在大纲编辑视图下设置文字属性

(2) 在调整文本占位符大小时，文本占位符里的文字可以自动换行，以适应占位符大小，如图 3-7 所示。

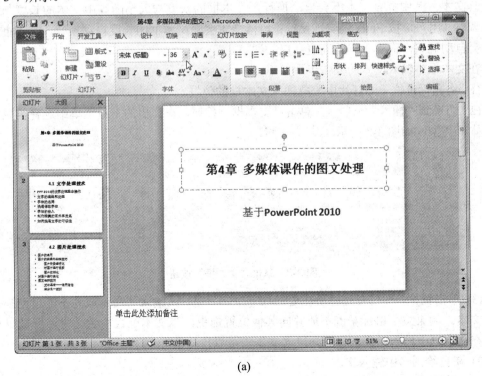

(a)

图 3-7　改变字体前后对比

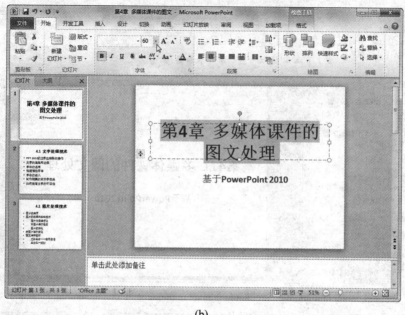

(b)

图 3-7 改变字体前后对比(续)

2) 利用文本框输入文本

文本框分为水平文本框和垂直文本框两种，而文本框中的文本也分为两种：标题文本和段落文本。其中标题文本不会自动换行，文本框的长度与大小随其中文本的长度与大小自动调整，用户可按 Enter 键实现换行；段落文本会随文本框的长度自动换行，文本框的长度不会自动调整，但文本框的高度会自动调整。

在文本框中输入文本的操作步骤如下。

(1) 将光标定位于幻灯片中需要插入文本框的位置。

(2) 切换到"插入"选项卡，单击"文本框"按钮，在弹出的下拉菜单中选择需要插入的文本框类型，如图 3-8 所示。

图 3-8 单击"文本框"按钮

(3) 单击鼠标，即可在光标所在处插入一个文本框，所输入的文本成为不能自动换行的标题文本。如果按下鼠标左键不放并向其他位置拖曳，当文本框大小合适时，释放鼠标左键，在文本框中输入的文本将成为段落文本，可以自动换行。

3) 在自绘图形中输入文本

在自绘图形中输入文本的步骤如下。

(1) 单击"插入"选项卡中的"形状"按钮，在弹出的下拉菜单中选择其中的一个形状,在空白处拖出合适的大小,并释放鼠标左键。

(2) 右击图形,在弹出的快捷菜单中执行"编辑文字"命令,如图3-9(a)所示。

(3) 在光标所在处输入相应文本,如图3-9(b)所示。

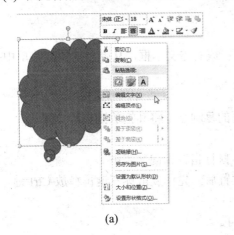

(a)　　　　　　　　　　　　　　(b)

图3-9　在自绘图形中输入文本

2．文本编辑

文本的编辑操作包括文本的删除、移动与复制等,其操作方法与Word等文字处理软件一样,均要先选定相应文本,然后通过"开始"选项卡中的"剪切""复制""粘贴""格式刷"等命令或者通过使用快捷键执行相应操作。

文本的格式设置主要包括字体、字号、字型、颜色、效果、对齐方式和行距等。

操作方法一:在"开始"选项卡中,进行相关设置即可。

操作方法二:选中相关文本,文字的上方会自动弹出文本设置工具栏,如图3-10所示,时隐时现,比较快捷。

图3-10　文本的格式设置

3．文本框的操作

1) 选定文本框

(1) 单击文本框所在位置,此时文本框处于文本编辑状态。

(2) 单击文本框四周的边线,文本框即被选定。

(3) 若要选定多个文本框,可按住Shift键,再依次单击需要选定的文本框。

(4) 若要取消某个已被选定的文本框,可按住Shift键,单击该文本框。

(5) 若要取消所有被选定的文本框,只要在文本框之外的任意位置单击即可。

2) 移动文本框

(1) 单击文本框。

(2) 将光标指向文本框的边框(控点除外)，按下鼠标左键。
(3) 将文本框拖放至目标位置后释放鼠标左键。
3) 复制文本框
方法一：
(1) 选定要被复制的文本框。
(2) 单击"开始"选项卡中的"复制"按钮；或右击文本框，从弹出的快捷菜单中执行"复制"命令；或按 Ctrl+C 快捷键。
(3) 执行"粘贴"命令(其快捷键为 Ctrl+V)。
(4) 在当前文本框的右下方将出现该文本框的复制品，将其拖放到目标位置。
方法二：
(1) 选定要被复制的文本框，按住 Ctrl 键，鼠标指针指向文本框。
(2) 按下鼠标左键，将文本框拖放至目标位置后，先释放鼠标左键再释放 Ctrl 键。
4) 删除文本框
选定需要删除的文本框后，按 Delete 键即可。
5) 形状填充和形状轮廓
在"格式"选项卡的"形状样式"组中可进行形状填充和形状轮廓的设置，如图 3-11 所示。

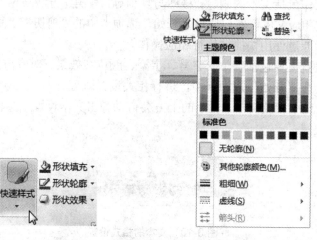

图 3-11　形状填充和形状轮廓的设置

6) 调整文本框的大小
方法一：
(1) 选中文本框，右击，在弹出的快捷菜单(见图 3-12)中执行"设置形状格式"命令，弹出"设置形状格式"对话框，并切换到"大小"选项设置界面。
(2) 分别设置文本框的高度、宽度、旋转及缩放比例，如图 3-13 所示。
方法二：
(1) 在"设置形状格式"对话框中切换到"文本框"选项设置界面。
(2) 取消选中"根据文字调整形状大小"单选按钮并单击"关闭"按钮，如图 3-14 所示。

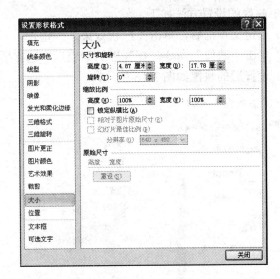

图 3-12 文本框右键菜单　　　　　图 3-13 "大小"选项设置界面

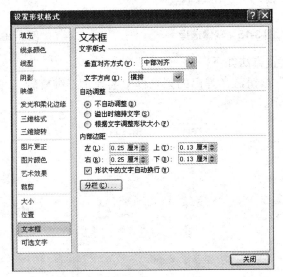

图 3-14 "文本框"选项设置界面

(3) 将鼠标指针指向文本框的控制点,鼠标指针变成双箭头状后,按下鼠标左键进行拖曳,在文本框大小合适时释放鼠标。

7) 调整文本的位置和类型

(1) 切换到"设置形状格式"对话框的"文本框"选项设置界面。

(2) 在"文本框"选项设置界面中设置文本的位置和类型。若选中"形状中的文字自动换行"复选框,则文本框中的文本为段落文本;否则,文本框中的文本为标题文本。

8) 阴影与三维立体效果

当文本框有填充颜色时,所有的阴影样式和三维样式均可用,但两者不能同时生效。此外,在设置三维样式后,先前设置的线条颜色将暂时失效,在取消三维样式后将自动恢复原先的线条颜色。

(1) 映像的设置方法如下。
① 选定文本框后,单击"形状效果"按钮。
② 单击"映像"命令,在弹出的列表框中选择所需映像设置,如图 3-15 所示。
③ 设置后的映像如图 3-16 所示。

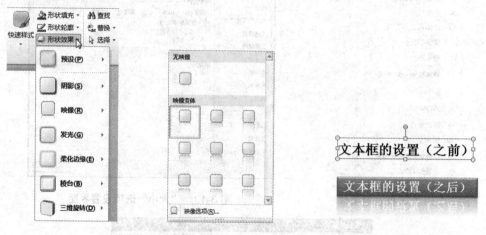

图 3-15　映像选择　　　　　　　图 3-16　设置后的映像

(2) 三维效果的设置方法如下。
单击"形状效果"按钮,在弹出的列表框中选择"三维旋转"命令,出现相应的三维旋转图,如图 3-17 所示。

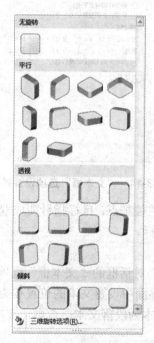

图 3-17　三维选项

或者执行"三维旋转选项"命令,弹出如图 3-18 所示的对话框,可对所需的三维形式进行设计,设计效果如图 3-19 所示。

图 3-18 三维设计

图 3-19 三维立体文本框

4．有效使用项目符号

在幻灯片中，通常在同类的内容前加上一些项目符号或者编号，以突出重点，提高其可读性。项目符号可以采用系统预设的符号，也可以采用图片或其他字符。编号则通常是连续的。

1) 项目符号

(1) 添加项目符号。具体步骤如下。

① 将光标定位于需要添加项目符号的段落，或者选定所有需要添加项目符号的段落；若所有段落均要添加项目符号，则选中文本框。

② 单击"开始"选项卡"段落"组中的 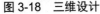 按钮，如图 3-20 所示，出现一个下拉菜单。

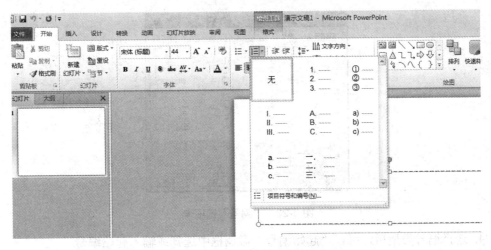

图 3-20 项目符号列表

③ 在项目符号列表中，选择需要的一种项目符号。若没有所需要的项目符号，则选择"项目符号和编号"命令，弹出"项目符号和编号"对话框，如图 3-21 所示。

④ 单击"自定义"按钮，选择所需的项目符号，然后单击"确定"按钮。

图 3-21 "项目符号和编号"对话框

(2) 修改项目符号。修改项目符号的操作步骤与添加项目符号相同，只是选择另一种不同的项目符号而已。

(3) 删除项目符号。具体步骤如下。

① 选中需要删除项目符号的段落。若是选中文本框，则将删除其中所有段落的项目符号。

② 或者在"项目符号和编号"对话框中，切换到"项目符号"选项卡，并选择"无"选项。

③ 单击"确定"按钮。

2) 编号

(1) 添加编号。具体步骤如下。

① 选定需要添加编号的段落。

② 打开"项目符号和编号"对话框。

③ 切换到"编号"选项卡，如图 3-22 所示。

图 3-22 "编号"选项卡

④ 选择编号类型后，可在"起始编号"微调框中选择或输入起始编号。

⑤ 单击"确定"按钮。

(2) 修改编号。修改编号的步骤和添加编号一样，重新选择新的编号即可。

(3) 删除编号。具体步骤如下。

① 选择需要删除编号的段落。

② 在"编号"选项卡中选择"无"选项，再单击"确定"按钮。

③ 此时后面段落的编号将重新排列，将光标定位于其中的第一个段落，在"编号"选项卡的"起始编号"微调框中选择起始编号，使之与前面的编号相连。

删除全部编号的步骤如下。

① 选定文本框，或者选择所有段落。

② 在"编号"选项卡中选择"无"选项，然后单击"确定"按钮。

3) 项目符号与编号的互换

项目符号与编号不可同时设置，在设置编号后，原先设置的项目符号将自动消失；反之，若设置了项目符号，则原先设置的编号将自动失效。

3.2.2 PowerPoint课件中使用文本的常见问题

在 PowerPoint 课件中使用文本时，主要有以下几个常见问题。

问题一：满

很多人在使用 PowerPoint 时，习惯在一张幻灯片上放太多的内容。但在演示的时候，每张幻灯片并不会长久停留，因而幻灯片内容并非是越多越好，内容太多不仅影响平面的美观，也影响阅读者接收信息的效果。

对于一张幻灯片上放多少文字比较合适，很多 PPT 书籍上也给出了一些建议。一般来说，每张幻灯片上的文字不要超过 6 行，每行不要超过 3 个关键词。

我们无须拘泥于这些具体的数字与规则的限制，但对于信息量的控制却是必须要关注的。如图 3-23(a)所示，这是一个介绍"兵马俑"的课件，这个页面上的文字密密麻麻，主次不分。

同样在图 3-23(b)中，是一个介绍功能的 PPT，正文中若采用叙述文体，则字数增加、字号减小，很容易使观众产生厌恶感。而在图 3-23(c)中采用 4×4 或 6×6 法，将正文分成 5 个段落，每个段落 4 个词左右。正文简洁明了，可以有效传达信息。

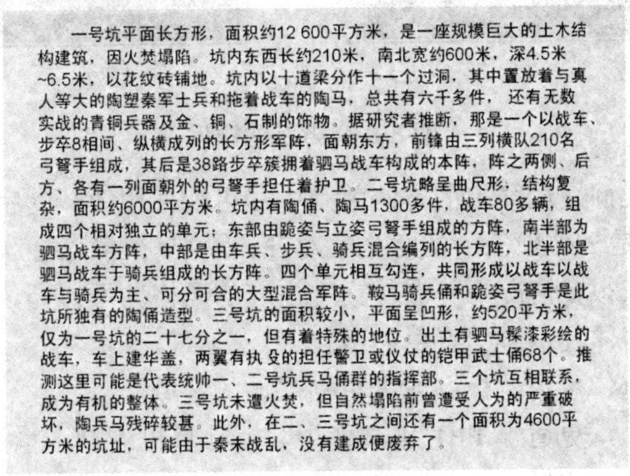

(a)

图 3-23 文字信息

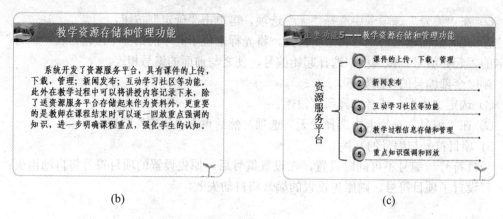

(b)   (c)

图 3-23 文字信息(续)

问题二：乱

如图 3-24 所示，在这些幻灯片上可以看到不同的字体、不同的颜色、不同的排版方式，但我们并没有从这些不同中获取要强调的信息，反而让人感觉画面不统一，比较乱。

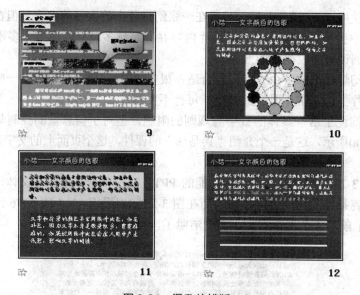

图 3-24 混乱的排版

解决文字排版混乱问题最简单的方法就是：尽可能使用统一的字体(并不是一种字体)，使用统一的颜色(并不是一种颜色)，注意文字对齐。另外，很多人喜欢在课件中使用艺术字，但笔者认为，艺术字在很多情况下与课件文字内容的风格并不协调，需要慎重考虑。

一般来说，各种字体及字号的特色如下。

- 黑体较为庄重，可用于标题或需特别强调的区域。
- 宋体较为严谨，更适于 PPT 正文使用。从计算机的显示系统来看，该字体显示也最清晰，并且对比好。
- 隶书和楷体源于书法，有一定的艺术特征。
- 幻灯片题目字号为 32～44 pt，正文字号为 18～32 pt。

- 各级正文文字中,每两个相邻级别字号不要相差太大,最好在数值上相差 4。
- 使用粗体、阴影和下画线强调文字。

问题三:文字的色彩或背景使用不当

1) 忽视文字的易见度

图 3-25 是一张介绍岭南画派的幻灯片,幻灯片的背景图案与课件内容相关,但背景图案与文字颜色过于接近,使观众对内容很难识别。

图 3-25 忽视文字的易见度

2) 版面色彩过多,缺乏主色调

如图 3-26 所示的幻灯片与上述例子相反,色彩太多,显得花哨,不够简洁统一,无美感。

图 3-26 版面色彩过多,缺乏主色调

要让文字看上去简洁、美观,须注意以下几点。

(1) 文字和背景的颜色不宜用强对比色,如互补色,因为文字本身数量较多、密密麻麻的,如果使用强对比色会在人眼中产生残影,影响文字的阅读。

(2) 在分析文字的易见度时,还要考虑到色彩的前进性和后进性。当观察红、橙、黄、绿、青、蓝、紫、灰、白多色彩条时,首先跳入眼帘的是红、黄、橙、白 4 种颜色,因为这 4 种颜色明度高,纯度也高,给人一种前进的感觉,这就是颜色的前进性和后进性。前进色不宜做背景色。

(3) 前景与背景应用对比色，但是也不宜用强对比色，如红和绿、黄和紫等。

3.2.3　PowerPoint 课件中文本处理的特殊方法

在 PowerPoint 课件中处理文本，主要有以下几种特殊的方法。

1. 简化课件中的文本内容

制作课件时，不可能简单地将教材上的内容照搬到课件里，内容要进行取舍增删，形式要适当合理，要充分发挥课件的优势。

方法一：使用更多的幻灯片。

在制作课件时，我们强调的是"不要在一张幻灯片上排满文字"，而不是"不要在课件中使用太多文字"，文字是传达教学内容非常重要的方式，在课件设计制作中是不可或缺的，如何避免文字密密麻麻地挤在一起呢？

一种简单有效的方法就是把文字内容分到更多的幻灯片上，把原本在一张幻灯片上展示的内容，用两张、三张或者更多张幻灯片来展示。

在做这种设计时，要注意内容的连续性，在任何时候，内容之间有清晰的逻辑都是非常重要的。

方法二：精简内容，提炼关键性信息。

对于大多数内容，我们都可以将描述、解释说明的部分剔除，只保留关键性的信息，以保证这些关键性的内容能被学习者注意到。至于内容的解释以及描述，教师在使用课件的过程中可以用自己的解释引导学习者对内容的理解。修改前后的 PPT 对比如图 3-27 所示。

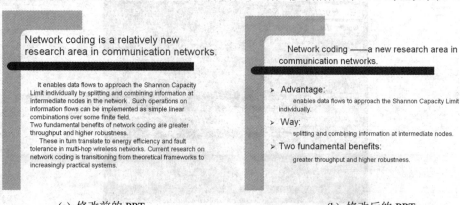

(a) 修改前的 PPT　　　　　　　　(b) 修改后的 PPT

图 3-27　简化课件中的文本内容

对于大多数特定的内容，都有一定的方法找出关键性信息。

对于一种实践的描述，可以概括出事件发生的时间、地点、起因、背景、经过与结果。

对于一种人物的介绍，可以概括出生平主要事件、生活环境、成长过程与取得的成就等。

对于一个定义的介绍，要概括的是"属性"+"种差"。

对于定理的推理与证明，要突出证明方法与过程，重点是其内在的逻辑。

方法三：使用自定义动画，控制文字内容。

虽然在一张幻灯片上放置了很多文字，但可以利用自定义动画来控制它们出现与消失的顺序，从而不会让文字内容给人太挤的感觉。

2．强化课件中的文本内容

强化文本内容就是使一些关键性的文字信息更突出。运动(如闪烁)、新奇性(如颜色变化)的内容很容易吸引学习者的注意力，但这些方法的使用要适当，防止干扰学习内容，分散学习者的注意力。

对比也是强化内容非常有效的方法，对比有很多种方式，如大小、明暗和色彩等，运动也是一种对比(静与动的对比)。

图 3-28 是小学思想品德课中的一张幻灯片。通过改变文字的颜色、增加字号大小、选择不一样的字体、添加下画线、加粗等方法，让一些关键性的信息得到强化。

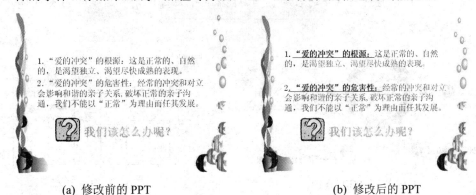

(a) 修改前的 PPT　　　　　　　　　　(b) 修改后的 PPT

图 3-28　强化课件中的文本内容

在文字下方添加与文字色彩对比强烈的自绘图形也是强化文字内容效果很好的方法。在课件制作中，一般选择黑白、蓝白、红黄、绿白、黑黄等几组色彩，如图 3-29 所示。

(a) 添加自绘图形凸显文字　　　　　　(b) 表格中添加背景色彩区分文字

图 3-29　添加自绘图形的背景色

为文字添加边框(利用自绘功能实现，不是文本框的边框)，可以引导学习者将注意力集中在框架内，从而起到强化作用，而且恰当的边框，还具有一定的美化与修饰作用，如

图 3-30 所示。

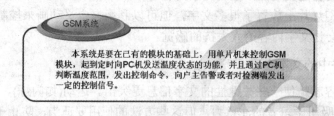

图 3-30　为文字添加边框

有次序和逻辑的内容会比没有顺序的内容更容易吸引读者的注意力。对内容合理组织，添加一定的引导符号，如排序的序号等，也可以起到很好的强化作用。

同样，也可以利用箭头、流程图等方式来介绍事件的发展过程，这样不但能让内容结构更清楚，也可以很好地引导学习者观看学习内容。有次序的内容组织如图 3-31 所示。

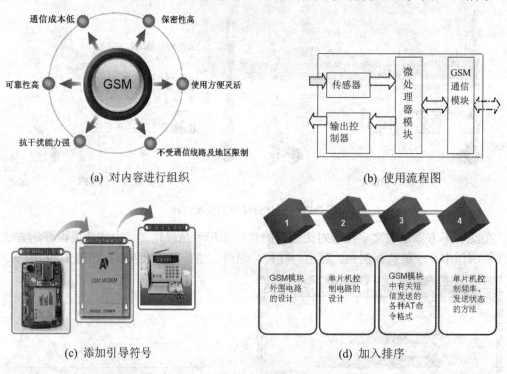

图 3-31　有次序的内容组织

3．美化课件中的文本内容

影响文字外观的第一要素是字体。

现在个性化的字体越来越多，如图 3-32 所示。那么在课件中如何利用这些字体呢？

1) 如何在计算机中安装和使用第三方字体

最简单的方法就是将从网上下载的字体(一般为 OTF 文件)解压后复制到控制面板中的"字体"文件夹中，如图 3-33 所示。

第 3 章　PowerPoint 课件中的图文处理

图 3-32　个性化字体

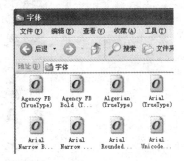

图 3-33　"字体"文件夹

为了保证制作的课件也可以在其他计算机上正常播放和显示，建议使用计算机中常用的字体，而尽量不用其他第三方字体。除了美术、书法类需要特别展示的字体外，在一般的课件中，应当选择以下几种计算机的字体作为课件标题或内容的字体，如图 3-34 所示。

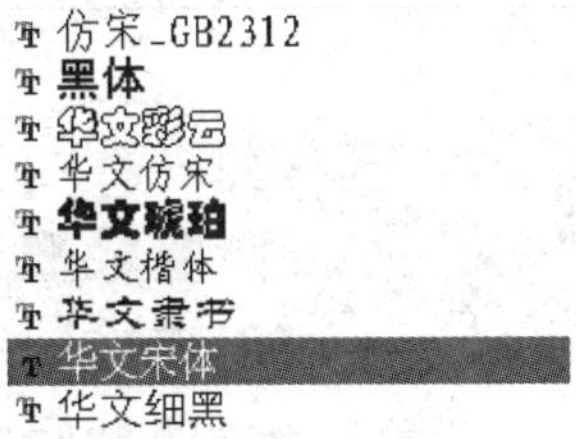

影响文字外观的第二个要素就是字体的颜色、大小和位置。

一般考虑文字的大小要能够区分内容和标题，课件展示中的文字不能太小。应当适当加大文字之间的行距，否则文字紧贴在一起不适合利用 PPT 投影出来阅读。

图 3-34　PPT 常用字体

实际上我们也可以利用文字的大小与颜色的深浅来改变文字内容的显示效果。

在课件中修饰美化文字除了上述的文字位置、大小、颜色、字体等因素外，还要关注文字的方向、修饰效果等。总体上要求文字大小有别、疏密有致。文字排版忌满、花、繁。一页文字的行数控制在 5～6 行为宜，还有就是人们常说的"3"字原则：使用颜色不宜超过 3 种，层次不宜超过 3 个，但这也不是绝对的，做到相对统一即可。

2) 艺术字的精彩应用

能制作精美的艺术字效果是 PowerPoint 2010 最大的进步之一。类似于 Illustrator、Photoshop 等专业图形处理软件，PowerPoint 2010 可以对文本任意添加各种艺术效果。

有 3 种添加艺术字效果的方式：插入艺术字、默认添加艺术字效果、自定义艺术字效果。下面讲解插入艺术字和自定义艺术字的方法。

(1) 插入艺术字。切换到功能区中的"插入"选项卡，找到"文本"组，单击"艺术字"按钮，如图 3-35 所示。在弹出的艺术字效果里选择任意效果样式，将鼠标停留在各种效果上可以自动预览。

按照上面的步骤插入一个艺术字文本框之后，直接在其中输入文字，也可以实现插入艺术字的效果。默认的效果共有 30 个，日常做 PPT 这些效果基本足够了。图 3-36 为几种艺术字效果展示。

(2) 制作自定义艺术字。对于文字效果的修饰基本上都是通过绘图工具中自带的"A"

按钮来实现的，即"艺术字样式"组，如图 3-37 所示，包括"文本填充""文本轮廓"和"文本效果"按钮。

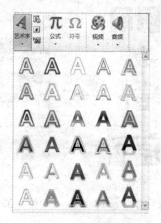

图 3-35 艺术字选项

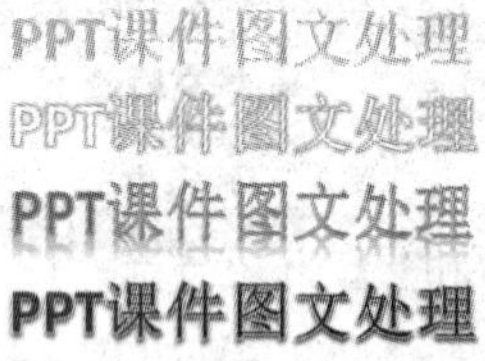

PPT课件图文处理
PPT课件图文处理
PPT课件图文处理
PPT课件图文处理

图 3-36 几种艺术字效果

图 3-37 "艺术字样式"组

首先，我们插入一个文本框，并以这个文本框为基础，演示各个功能的应用，请大家尝试制作各类艺术字效果。

其次，在"文本填充"下拉菜单中，共有 4 种文本填充效果：其他填充颜色、图片填充、渐变填充和纹理填充，如图 3-38 所示。

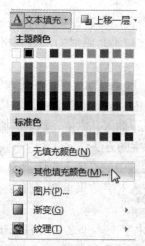

图 3-38 "文本填充"下拉菜单

看了上面的这些艺术字，你可能感觉太普通了，能否做出更有创意的艺术字呢？

第 3 章 PowerPoint 课件中的图文处理

【例 3.1】 制作渐变文字效果。

PowerPoint 2010 让文字可以像图形一样，添加渐变效果，具体步骤如下。

(1) 插入一个文本框，选择"渐变"填充。在现有色彩基础上选择其中的一种渐变效果。我们选取第一个效果"线性对角——左上到右下"，如图 3-39 所示。

(2) 也可选择"其他渐变"命令，弹出"设置文本效果格式"对话框，如图 3-40 所示。可以看到，文本编辑的所有选项都集中在这里，绘图部分也主要用到该功能。

(3) 在"预设颜色"下拉列表框中提供了 24 种预置渐变色，选择其中的一个可以查看效果，如图 3-41 所示。

图 3-39 选取渐变效果

图 3-40 "设置文本效果格式"对话框

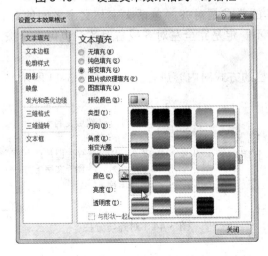

图 3-41 选择预置颜色效果

(4) 还可以在"类型"下拉列表框中设置渐变类型，共有 4 种渐变类型。其中，"线性"选项，表示直线型的颜色过渡效果，有 8 个预设角度；"射线"选项，表示由点到面的辐射过渡效果，有 5 个预设角度；"矩形"选项，表示由点到面 90°辐射的过渡效果，有 5 个预设角度；"路径"选项，表示由中心到四周 360°的辐射过渡效果，不可设置角度。路径渐变效果如图 3-42 所示。

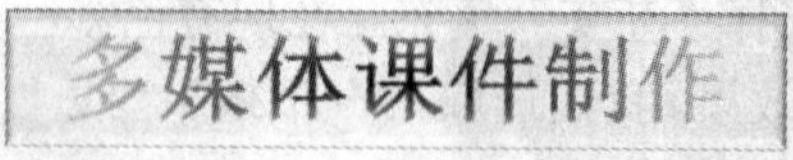

多媒体课件制作

图 3-42　路径渐变效果

4. 文字排版应注意的几个问题

前面讲述的强化和美化文字的一些方法，适合对标题等文字较少的页面使用，如果课件内容页面有较多的文字，则主要考虑文字的排版问题，可以考虑使用 Word 中排版的一些技巧，如首字下沉、分栏、左侧添加垂直修饰线等。

具体可以按照以下过程进行处理。

1) 组块与分类

首先对文字内容进行概括和简化，提炼出关键词和重点信息，并对这些内容进行加工，如分类、设计概念图、排序等。然后按教学设计中的原则，确定每一张幻灯片上的内容多少，按组块原则进行呈现，如图 3-43 所示。

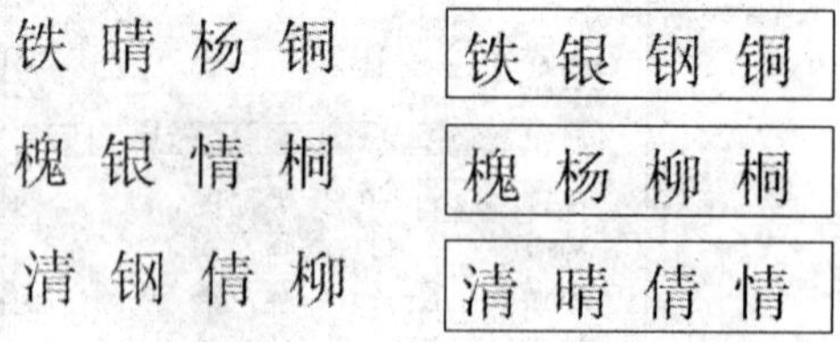

铁　晴　杨　铜　　铁　银　钢　铜
槐　银　情　桐　　槐　杨　柳　桐
清　钢　倩　柳　　清　晴　倩　情

图 3-43　组块与分类

2) 对齐与分栏

文字排版中最基本的要求是对齐，包括文字与文字之间的对齐，也包括文字与其他元素之间的对齐。对齐不一定是完全左对齐或右对齐，也可以是按一定的线条方向进行的对齐。

还可以考虑采用分栏的方式对内容进行排列，如图 3-44 所示。

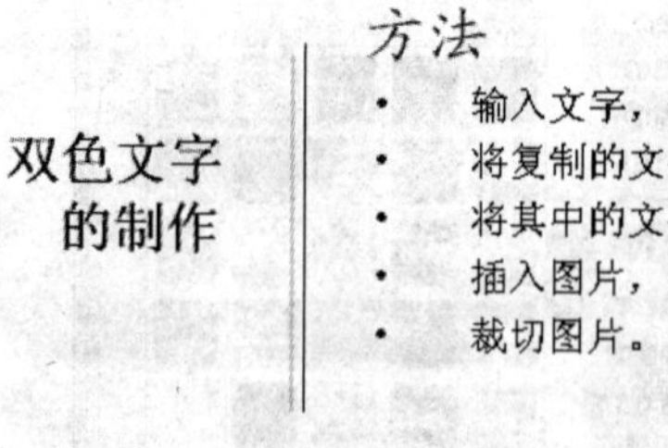

方法
双色文字的制作	• 输入文字，然后复制一份； • 将复制的文字改为另一种颜色； • 将其中的文字存为图片； • 插入图片，并置于文字上方； • 裁切图片。

图 3-44　对齐与分栏

3) 对比与间距

因为文字比较多，所以空白更为重要，可以调整文字之间的间距和行距。如为了突出一些重要文字内容，可以采用对比强化方法，对文字进行加工，如图 3-45 所示。

图 3-45 对比与间距

5. 拼写检查

PowerPoint 有内置的拼写检查功能，用户可以运行它来查找拼写错误。在功能区中，切换到"审阅"选项卡，在"校对"组中单击"拼写检查"按钮，如图 3-46 所示，将会打开"拼写检查"对话框，此时 PowerPoint 将突出演示文稿中的第一个拼写错误。

图 3-46 单击"拼写检查"按钮

在"拼写检查"对话框中，选中第一个拼写错误，"grete"应该为"great"。可以在"更改为"下拉列表中选择正确的替代词。单击"更改"按钮替换这个词，并进入下一个拼写错误的检查，如图 3-47 所示。

图 3-47 更改错误

6. 输入特殊文字符号

在 PowerPoint 中，利用相关的设置，可以非常方便地为文字添加上标或下标这样的符号，但对于特殊的符号，如数学公式、化学方程式、物理公式等的输入却比较麻烦。下面介绍一些相对简单的方法。

在 PowerPoint 中无法直接输入汉语拼音，我们可以在 Word 中添加汉语拼音后复制到 PowerPoint 中。

如果要为汉字添加田字格，应选择习字体作为文字的字体，但要保证习字体文字正确显示，在保存文件时，应当嵌入习字体，如图 3-48 所示。

若在 PowerPoint 中嵌入公式，可以通过"插入对象"对话框来实现，在其中选择"Microsoft 公式 3.0"选项，如图 3-49 所示。

图 3-48　嵌入习字体　　　　　　　图 3-49　插入公式 3.0

7. 快速将 Word 文档转换为 PowerPoint 课件

制作课件不能照搬书本，当然也不能直接将 Word 文档转换成 PowerPoint 作为课件。在课件中，不可避免地要处理大量的文字，如何减少文字的输入操作和重复操作也是应当注意的。在这里有一种比复制粘贴更有效的方法，可以快速地将 Word 中的文字转换到 PowerPoint 中，减少文字输入的麻烦。

这种方法利用的是：在 PowerPoint 普通视图的"大纲"选项卡中，按 Enter 键会自动添加一张新的幻灯片。

其操作步骤如下。

(1) 全选(Ctrl+A 快捷键)Word 中的文字。

(2) 将 PowerPoint 视图切换到"普通"视图的"大纲"选项卡中，如图 3-50 所示。

(3) 把文字粘贴到幻灯片上。

(4) 设置文字的格式。

(5) 在"大纲"中，输入文字内容，按 Enter 键，文字会分布到新的幻灯片上。

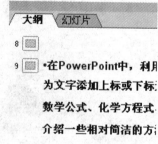

图 3-50　切换到"普通"视图的"大纲"选项卡

另外，还可以将 PowerPoint 转换成 Word 文档，方便内容的打印等操作。

8. 将演示文稿转换为 Word 文档

(1) 执行"文件"→"保存并发送"→"创建讲义"→Microsoft Office Word 命令，打

开"发送到 Microsoft Office Word"对话框,如图 3-51 所示。

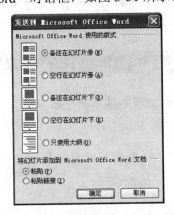

图 3-51 "发送到 Microsoft Office Word"对话框

(2) 设置相应的选项后,单击"确定"按钮。此时,系统会启动 Word,并新建一个文件,用于保存演示文稿的内容。

> 提示:转换到 Word 文档中的演示文稿内容,并不是普通的文本和图片,而只是将一张张幻灯片作为图片插入 Word 文档中。

3.3 图像处理技术

图片是直观化呈现课件内容的重要方式,同时也是美化课件的重要要素,相比于文字,其特点是形象、直观。对于以视觉演示见长的 PowerPoint 来说,图片是不可缺少的组成部分。

图片具有高度的暗示性和象征性,能更快地传递信息和感情。好的图片可以一下子抓住学生的注意力,产生强烈的震撼力。使用图片时要注意以下事项。

(1) 让媒体之间产生关联,所插入的图片不能与讲课内容无关。

(2) 不是每张幻灯片都需要图片。

(3) 一张幻灯片上的图片不能太多,以免混淆信息的主体。

(4) 在课件中,除了与学习内容相关的图片素材外,按钮、背景、提示符号一般也采用图片的形式。

在 PowerPoint 中插入图片的方式有以下几种。

(1) 通过"插入"选项卡,可以插入外部的图像文件,以及剪贴画、艺术字(实际是能编辑字的图)等。

(2) 利用自绘图形功能绘制图形。

(3) 利用填充功能置入图片。

在 PowerPoint 中绘制的图形都是由形状填充和形状轮廓组成的,填充可以是任意颜色、纹理或图片,轮廓的线条设置也非常灵活,利用图形的组合和叠加,可以做出很多教学中使用的图形,如几何形状、物理化学实验设备、物理示意图等。

在 PowerPoint 中还可以对插入的图像进行简单的编辑，如去除图像背景、裁剪图片、改变色彩等。

3.3.1 PowerPoint 2010 中图像处理的基本操作

在 PowerPoint 2010 中，图像处理的基本操作如下。

1．插入剪贴画

剪贴画是用计算机软件绘制的，剪辑图库中包含 1000 多种各式各样的剪贴画，供用户挑选使用。

具体步骤如下。

(1) 选中一张幻灯片，切换到"插入"选项卡，在"图像"组中单击"剪贴画"按钮。

(2) 打开"剪贴画"任务窗格，在"搜索文字"文本框中，根据需要输入希望搜索的剪贴画，如"工作"[见图 3-52(a)]，然后单击"搜索"按钮。

(3) 在"剪贴画"任务窗格下方空白处显示出搜索到的图片，选择其中一张图片，单击鼠标右键，在弹出的快捷菜单中执行"插入"命令即可插入剪贴画；或双击图片也可插入剪贴画，如图 3-52(b)所示。

(a) "剪贴画"任务窗格　　　　　　　　(b) 快捷菜单

图 3-52　插入剪贴画

(4) 关闭"剪贴画"任务窗格。

对剪贴画进行处理，具体操作如下。

(1) 将鼠标指针放在"调节控制柄"(空心圆点)上，拖动鼠标到合适大小时松开就可以了。

(2) 可以对剪贴画进行特殊颜色效果的调整。右击剪贴画，在弹出的快捷菜单中执行"设置图片格式"命令，弹出如图 3-53 所示的"设置图片格式"对话框。

(3) 在"重新着色"选项组中修改颜色。

如果计算机连接上网络，在搜索框里输入关键字，则可以在微软网站搜索到丰富的剪贴画。

图 3-53 "设置图片格式"对话框

2．插入图像文件

对于已有的图像文件，可以直接将其插入到幻灯片中，具体步骤如下。

(1) 切换到"插入"选项卡，在"图像"组中单击"图片"按钮。

(2) 在打开的"插入图片"对话框中，选中图片文件后，单击"插入"按钮即可。

3．插入自选图形

在 PowerPoint 中，提供了基本的图形绘制和编辑功能，只要灵活运用，就可以绘制教学中用到的很多对象。方法是执行"绘图"命令，然后在自选图形中选择所需要的图形进行绘制。

下面介绍利用对齐和旋转功能实现圆等分的方法。

(1) 在幻灯片中画一个圆和三条直线，直线的长度要比圆的直径长些，如图 3-54(a)所示。注意在画圆时按住 Shift 键，可画出正圆。

(2) 将圆与三条直线全部选中，利用"排列"按钮 使之垂直居中和水平居中，如图 3-54(b)所示，这样 4 个图形均处于幻灯片的中心，三条直线完全重合并与直径重合，如图 3-54(c)所示。

(3) 选中一条直线，单击鼠标右键，在弹出的快捷菜单中执行"设置自选图形格式"命令，或者双击，打开"设置形状格式"对话框，选择"大小"选项。

(4) 设置"旋转"为 60°，其余参数设置如图 3-54(d)所示。

(5) 再选中另外一条直线，让它旋转 120°，如图 3-54(e)所示。

(6) 调整线条的长短时按住 Shift 键，也可以将线条的轮廓色彩设置成与幻灯片的背景色相同，如图 3-54(f)所示。

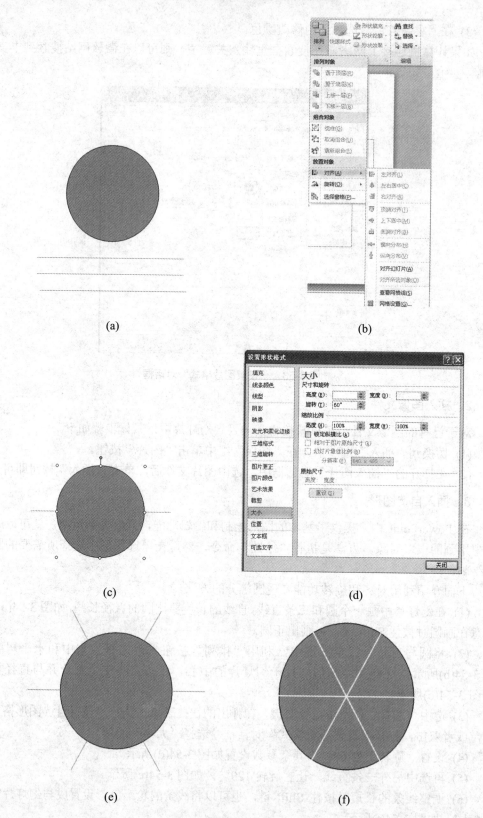

图 3-54 圆的六等分

利用类似的功能可以进行更多的细分，也可以用此方法来完成雪花等一些有规则的图形绘制。

3.3.2　PowerPoint 课件中使用图像的常见问题

除了文字，图片是课件中最常见的元素，在有些课件中使用的图片或多或少都有一些问题，主要体现在以下几方面。

1. 变形失真

为了保证图片的显示效果，在课件中使用的每一张图片都应当保持正常的比例和大小。但有时为了照顾课件的版面，把图片放大很多倍，有的把图片拉长或拉宽，这些都极大地改变了图片的外观，让人看了很不舒服。

2. 风格不一

图片的类型有很多种，有照片写实的，有手绘卡通的，有以线条为主的，有以色块填充为主的，有剪贴画，也有自定义形状。但不管图片风格如何，在一个特定的课件中，应当使用风格统一的图片，不论是图片的类型，还是图片的修饰以及排版的方式，都应当统一。

在课件中，如果是针对儿童使用的课件，则不妨采用卡通风格，这样更能吸引孩子的注意力。对于一个课件来说，整体风格的统一是十分必要的。

3. 与主题无关

很多人用商务演示的模板来做课件，还有很多人喜欢用美女、风光一类的图片作为修饰或者背景，但这些和课件的内容并无很大的关系。

一般来说，可以根据课程内容来选择合适的图片，如语文科目的古文可以用如图 3-55 所示的背景。

图 3-55　和主题相关的模板

4. 信息多余

在网上保存的图片通常会有水印，有时只需要图片中的一部分内容，但却不知道如何只保留需要的那一部分内容，于是就把整个图片插入课件中。

3.3.3　PowerPoint课件中处理图像的特殊方法

在 PowerPoint 课件中处理图像的特殊方法有以下几种。

1. 高质量图像的获取方法

制作课件时需要很多图像素材，可以利用 PowerPoint 的自绘图形进行绘制，还可以利用数码相机进行翻拍，或者利用截图软件获取电脑中浏览的界面。随着网络应用的普及，很多图片素材可以直接从网上获取。

下面介绍一些从网络上获取图片的方法与技巧。

1) 利用出版社网站的素材

现在出版的图书已经不只是一种印刷材料，大多数教材都配套提供了相应的多媒体素材。如人民教育出版社(http://www.pep.com.cn)、高等教育出版社(http://www.hep.com.cn)，在这些网站上除了提供下载相应的多媒体素材外，还提供了教材使用以及在线学习指导等服务。

2) 使用 Google 或百度等搜索引擎的图片搜索功能

使用图片搜索功能时需要注意以下问题。

搜索引擎提供的搜索服务有很多种，如网页、图片、音乐等。搜索图片时，要切换到"图片"搜索界面。

如果要搜索一个播放按钮，可以在搜索框中输入"按钮"或"开始按钮"；如果找不到满意的图片，可以再试试用 AN NIU 或者 button 等关键词搜索，如图 3-56 所示。

因为要搜索的素材是按钮，所以可以指定搜索图标图片。

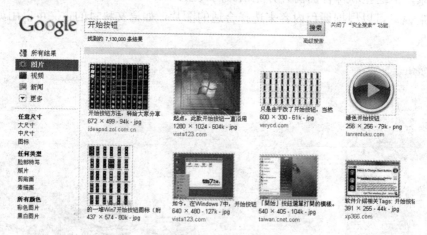

图 3-56　查找图片

进行图片搜索时要注意以下 3 个问题。

(1) 可以使用拼音或英语单词作为关键词。

(2) 按一定的规则过滤图片。

(3) 不要直接从网页上复制图片。

使用拼音或英语单词做关键词，是因为图片搜索功能一般利用文件名和图片描述来寻找相应的图片,而在网页中使用汉字作为文件名的图片很少。

网页中的图片一般都带有链接,如果直接复制到 PowerPoint 中,则这些链接也会出现在课件里,不仅会影响到课件的操作,同时也显得不够专业。

建议把网页中的图片先保存到自己的计算机中,然后再插入课件里。

3) 一些专业的图像素材网站

图 3-57 是微软官方提供的图片素材,网站如下:

http://office.microsoft.com/zh-cn/ images/?CTT=97

图 3-57 微软官方查找图片

在很多图片分享的网站也可以找到相关素材图片,这些素材网站可以直接利用搜索引擎搜索。

2. 图片的裁剪

利用功能区中的裁剪工具,可以快速制作 PPT 中使用的图片,然后用这张图片就可以轻松制作模板和元件。下面通过一个例子来学习这个过程。

【例 3.2】 用裁剪得到小图片的制作。

(1) 依次执行"文件"→"新建"命令,打开"空白演示文稿"任务窗格,单击"空演示文稿";再单击"视图"选项卡中的"幻灯片母版"按钮,进入母版编辑视图,如图 3-58 所示。单击"插入"选项卡中的"图片"按钮,在弹出的"插入图片"对话框中找到所要插入的图片文件,选择此文件插入。

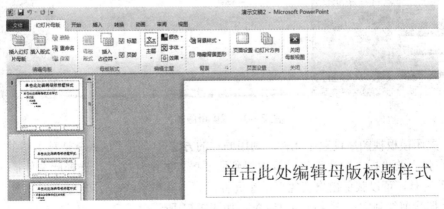

图 3-58 母版编辑视图

(2) 选择缩略图，单击鼠标右键，在弹出的快捷菜单中执行"重命名母版"命令，如图 3-59 所示。

图 3-59 母版重命名

(3) 选中第一张幻灯片，再选中裁剪工具。将上面的小横条向下压，这样就裁剪了图片的上面部分，留下了图片的下面部分，如图 3-60 所示。

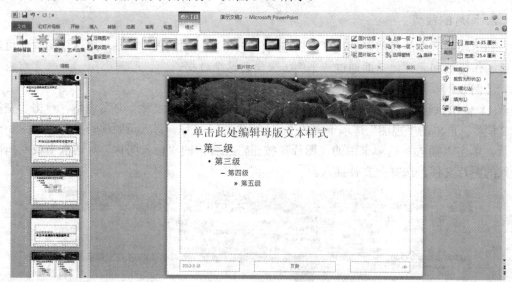

图 3-60 裁剪母版图片

(4) 关闭模板视图后设置小元件。利用同样的方法，单击"插入"选项卡中的"图片"按钮，在弹出的"插入图片"对话框中找到所要插入的图片文件，选择此文件插入后，同样用裁剪工具，可以裁剪出自己需要的小元件。

(5) 把裁剪得到的小元件作为目录条，如图 3-61 所示。

第 3 章 PowerPoint 课件中的图文处理

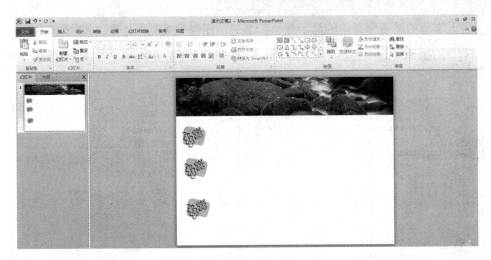

图 3-61 用图片制作目录条

3. 对齐多个对象

在一张幻灯片中，常常要插入多个对象(如图片、图形、文本框等)，那么如何让它们排列整齐呢？步骤如下。

(1) 选中需要对齐的对象，单击"开始"选项卡中的"排列"按钮。

(2) 在弹出的下拉菜单中选择所需的排列方式，这里选择"对齐"命令，如图 3-62 所示。

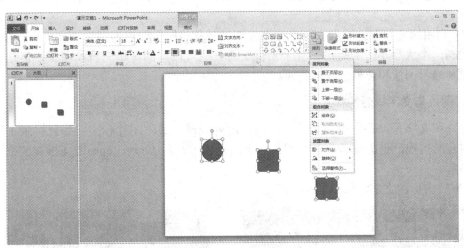

图 3-62 对齐对象

4. 半透明图像效果的制作

1) 设计思路

在 PowerPoint 中无法直接修改图片的透明度，但可以通过在图片上叠加自绘的图形，改变自绘图形的填充透明度，从而改变图片的显示效果。

2) 实现方法

通过 PowerPoint 绘图工具绘制的对象，都可以使用多种方式填充。其中渐变填充，还可以实现更丰富的透明度变化的显示效果。半透明图像效果制作如图 3-63 所示。

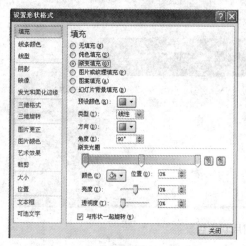
(a) 渐变填充

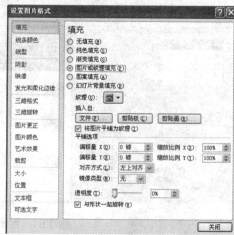
(b) 纹理填充

图 3-63　半透明图像效果制作

3) 应用技巧

(1) "设置形状格式"对话框在 PowerPoint 中非常重要，如果想改变对象的外观，基本上都可以通过此对话框来完成。

(2) 半透明图像主要用于解决在图像上添加文字说明时，背景图像会影响文字阅读的问题。

(3) 利用填充和自绘图形，可以为图像添加各种边框。如想为图像添加一个双线边框，可以绘制两个大小不一的矩形，置于图像下方。也可以用图像填充自绘图像，但这种方法无法控制显示图像和边框之间的间距。

5. 图片与文字排版的样式

图片和文字是课件中使用最广泛的两种内容表现形式，图片和文字如何排版不仅影响课件内容的美观，也影响学习者的阅读。下面提供了几种 PowerPoint 图文排版的范例，供大家参考。

(1) 突出标题文字，如图 3-64 所示。

(a)　　　　　　　　　　　　　　　(b)

图 3-64　突出标题文字示例

(2) 使用四宫格、九宫格或更多宫格，如果图片较多，要按一定的次序排列，每一张图片并不一定要有相同的大小，如图 3-65 所示。

图 3-65　利用宫格排列图片

(3) 黄金分割：三分法，避免图片与文字平分，不管是上下方向还是左右方向，如图 3-66 所示。

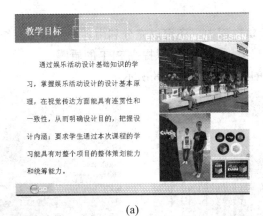

(a)

(b)　　　　　　　　　　　　　　　　(c)

图 3-66　利用三分法排列文字和图片

6. 为图像添加边框

为图像添加边框是最简单却非常有效的修饰美化图像的方法，边框可以是简单的线条，也可以是任何材质填充的底纹，如图 3-67 所示。具体操作和实现方法如下。

(a) 修改前　　　　　　　　　　　　(b) 修改后

图 3-67　添加边框美化图片

(1) 绘制一个自定义形状,可以是任意填充颜色或图案,置于图像下方。
(2) 设置图像格式,可以更改线条和颜色等。

7. 制作图表

在 PowerPoint 的编辑过程中,还可以充分利用各种流程图、结构图和图表,这样一方面能增强表达的直观性,另一方面还可以提高 PPT 的质感。

下面列出几种常用的图表,如图 3-68 所示。

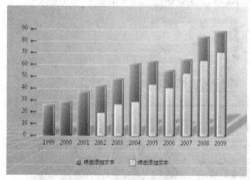 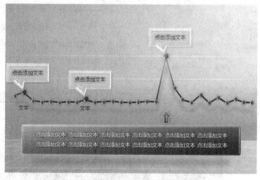

(a) 柱状图　　　　　　　　　　　　(b) 线性图

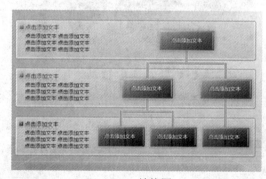 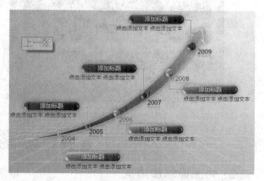

(c) 结构图　　　　　　　　　　　　(d) 时间顺序图

图 3-68　各种图表示例

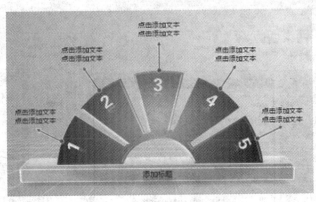

(e) 饼状图

图 3-68　各种图表示例(续)

8. 自绘图形

绘图是 PowerPoint 中的基本功能，它提供了丰富的自定义形状，利用这些形状可以绘制教学中经常用到的一些对象，而无须借助其他的图像软件。

【例 3.3】　制作图章。

具体步骤如下。

(1) 绘制圆环。选择自绘图形中的椭圆工具，按住 Shift 键绘制圆形；设置圆的填充为"透明"，线型为"双线型"，并根据实际情况设置线的粗细，如图 3-69(a)所示。

(2) 绘制五星并居中对齐，得到如图 3-69(b)所示的效果。

(3) 添加文字。插入艺术字，调整形态和外观，位置如图 3-70 所示。

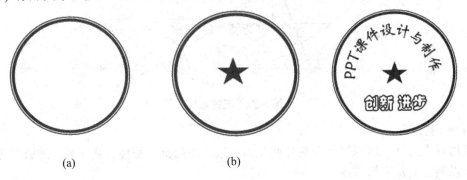

　　　(a)　　　　　　　　　(b)

图 3-69　绘制圆环和五星　　　　　图 3-70　图章完成图

9. 三维对象的绘制

1) 设计思路

PowerPoint 虽然没有提供三维对象绘制功能，但可以利用三维格式和三维旋转设置，将对象转换为三维对象。在 PowerPoint 2010 中，制作三维对象相对简单直观，可以直接利用"形状效果"按钮，如图 3-71 所示。

2) 实现方法

下面以制作一个五角星的三维效果为例介绍三维效果快速应用的方法和过程。

(1) 首先绘制一个平面的五角星图案。

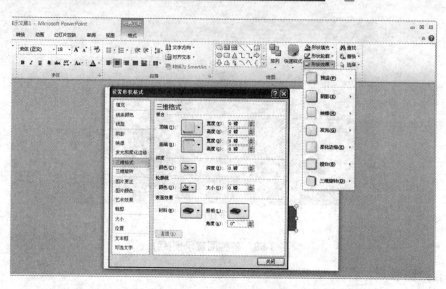

图 3-71 设置形状格式

(2) 利用不同的阴影和三维效果,绘制所要的图片,效果如图 3-72 所示。

图 3-72 三维效果

3) 应用技巧

利用以上方法,可以制作一些几何立体对象,如圆锥、圆柱、盒子等。结合对象的组合,可以制作更复杂的物体。

在课件制作中,很多地方需要以三维效果显示,三维效果本身比平面更有真实感。对于物质的结构等内容,借助三维效果显示也可以帮助学生理解学习内容。直接通过渐变填充、阴影、透视等设置也可以实现一定的立体效果。

10. 批量添加和处理图片

如果在制作课件的过程中需要将多张图片插入不同的幻灯片中,可以选择插入相册的方法,一次性插入所有图片,如图 3-73 所示。

在插入相册时,可以对图片的版式及文字说明进行设计,如图 3-74 所示。如果目的只是将多张图片一次性地插入到不同的幻灯片中,则可以跳过相册的设置。

第 3 章　PowerPoint 课件中的图文处理

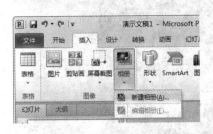
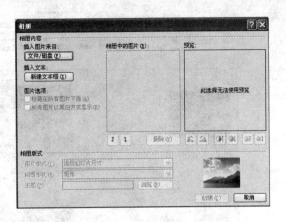

图 3-73　插入相册　　　　　　　　　　　图 3-74　相册设置

 ## 3.4　回到工作场景

通过 3.2～3.3 节的学习，应学会处理 PPT 中的文字和图片，这些知识足够完成 3.1 节中的工作场景。

(1) 新建一个 PPT 文件，显示一个空白的 PPT 文档，如图 3-75 所示。

图 3-75　创建 PPT 空文档

(2) 单击"插入"选项卡中的"图片"按钮，插入想要插入的图片，如图 3-76 所示。

(3) 对插入的图片进行裁剪，单击"裁剪"按钮，选择想要裁剪的类型，如图 3-77 所示。

(4) 单击"艺术效果"按钮，选择粉笔素描，如图 3-78 所示。

(5) 单击"颜色"按钮，对图片进行重新着色，完成对图片的设置，如图 3-79 所示。

(6) 单击文本框，在文本框中输入"素描"文本，并对字体进行设置，如图 3-80 所示。

图 3-76 插入图片

图 3-77 选择裁剪类型

图 3-78 选择艺术效果

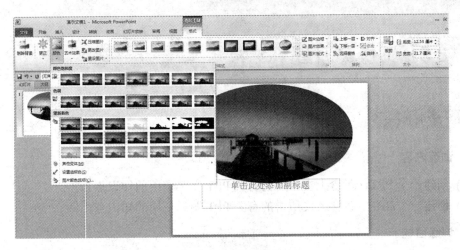

图 3-79 对图片着色

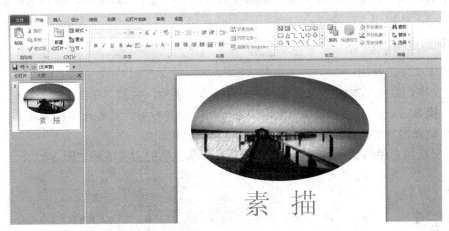

图 3-80 输入文本

(7) 对文字进行相应的设置。单击艺术字样,选择 A 字样,选择文字效果中的 (图片) 映像,再单击三维旋转中的 选项,如图 3-81 所示,完成对 PPT 的设计。

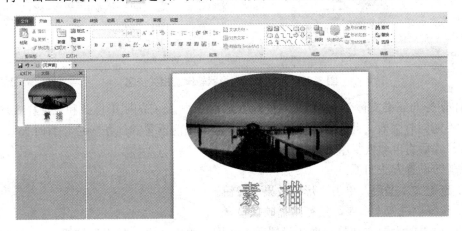

图 3-81 设置艺术字

3.5 工作实训营

3.5.1 训练实例

1. 训练内容

(1) 创建一个 PPT，包含上文所讲的有关 PPT 文字使用的知识点。

(2) 创建一个 PPT，包含上文所讲的有关 PPT 图片使用的知识点。

2. 训练目的

本章的重点主要集中在 PPT 文字和图片的设计上，为了更熟练地使用 PPT 中的文字和图片，必须要加强相应的练习。

3. 训练过程

1) PPT 文字的使用

(1) 文本设置。文本的格式设置主要包括字体、字号、字型、颜色、效果、对齐方式、行距等。操作方法：在"开始"选项卡中进行相关设置即可。或者选中相关文本，文字的上方会自动弹出文本设置工具栏，时隐时现，使用比较快捷。

(2) 形状填充和形状轮廓。设置形状填充和形状轮廓的相关按钮如图 3-82 所示。

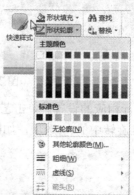

图 3-82 形状填充和形状轮廓的相关按钮

(3) 阴影与三维立体效果。当文本框有填充颜色时，所有的阴影样式和三维样式均可用，但两者不能同时生效。此外，在设置三维样式后，先前设置的线条颜色将暂时失效，在取消三维样式后将自动恢复原先的线条颜色。

映像的设置方法如下。

① 选定文本框后，单击"形状效果"按钮。

② 选择"映像"命令，进行所需映像设置。

三维效果的设置方法与映像的设置基本相同。单击"形状效果"按钮，在弹出的下拉菜单中选择"三维旋转"命令，出现相应的三维旋转图效果。

2) PPT 图片的使用

(1) 插入各种形式的图片，包括剪贴画、图像文件和自选图形等。

(2) 对图片进行颜色处理。

① 可以对图片进行特殊颜色效果的调整。右击图片，在弹出的快捷菜单中执行"设置图片格式"命令。

② 在弹出的"设置图片格式"对话框中修改颜色即可。

(3) 对图片进行裁剪处理。

选中幻灯片，单击裁剪工具，如图 3-83 所示，根据需要选择不同的类型对图片进行裁剪。

图 3-83　图片裁剪

4．技术要点

PPT 课件中的文字设计和图片设计。

3.5.2　工作实践常见问题解析

【常见问题 1】　我对计算机绘画不熟，画出来的东西不像，怎么办？

【答】　例：我要画一片树叶，怎么办？

在自选图形中找到曲线工具，以网格为参考，先画出一个大致的图形，有点像四边形就行了。

右击这个图形，选择其中的编辑顶点。此时，可以按住原"顶点"拖动以改变线的弧度，也可在没有顶点的地方单击以增加顶点。如果顶点多了，可按住 Ctrl 键，单击便可把它删除。

【常见问题 2】　有时，我们在欣赏某篇演示文稿时，发现其中的一些图片非常精美，想保存下来，供以后自己制作演示文稿时使用，该怎么办呢？

【答】　右击需要保存的图片，在随后弹出的快捷菜单中执行"另存为图片"命令，打开"另存为图片"对话框，取名保存即可。

【常见问题 3】　如果要插入几十甚至几百张图片，并且要求每张图片插入到每张幻灯片的页面上(即有几张照片就要有几张幻灯片)，你会怎么做？

【答】　第一步：首先准备好图片，假设在 C 盘下面的 Pictures 文件夹内有 100 张 JPG 格式的图片。

第二步：启动 PowerPoint，按 Alt+F11 快捷键，打开 Visual Basic 编辑器窗口，执行"插入"→"模块"命令，在弹出的代码编辑窗口中输入以下代码：

```
Sub InsertPic()
Dim i As Integer
For i = 1 To ActivePresentation.Slides.Count
ActivePresentation.Slides(i).Select
With ActiveWindow.Selection.SlideRange
.FollowMasterBackground = msoFalse
.Background.Fill.UserPicture "C：Pictures" & i & ".jpg"
End With
```

```
Next
End Sub
```

第三步：关闭 Visual Basic 编辑器窗口，上面的模块代码会自动保存。此时，连续按 Ctrl+M 快捷键建立与图片数目相等(如 100)的多张空白幻灯片。按 Alt+F8 快捷键打开"宏"对话框，选中我们上面建立的 InsertPic 宏，单击"运行"按钮即可，100 张图片很快就自动插入幻灯片中。

 ## 3.6 习题

1. 新建一个演示文稿，设置字体和背景，并进行保存，具体要求如下。
(1) 新建一个幻灯片文档，插入如图 3-84 所示的幻灯片。

 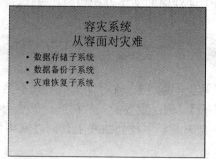

图 3-84 PPT 文档

(2) 将第一张幻灯片的副标题设置为红色(注意，请用自定义标签中的红色 255，绿色 0，蓝色 0)、40 磅；将第二张幻灯片的版面改为"垂直排列标题与文本"，并将这张幻灯片中的文本部分动画设置为"溶解"。

(3) 将第一张幻灯片的背景填充预设颜色设为"漫漫黄沙"，底纹样式为"斜下"；全部幻灯片切换效果设置为"向左下插入"。

2. 新建一个演示文稿，进行文字处理并保存，具体要求如下。
(1) 新建一个幻灯片文档，插入如图 3-85 所示的幻灯片。

图 3-85 PPT 文档

(2) 在演示文稿第一张幻灯片上输入副标题"生活多美好",并将字体设置为楷体 GB_2312、蓝色、加粗、36 磅;将第二张幻灯片的版面改为"对象在文本之上"。

3. 打开一个演示文稿,进行图片设置并保存,具体要求如下。

(1) 打开 PPT 文件,得到如图 3-86 所示的四张幻灯片。

(2) 将第二张幻灯片文本框中的内容"自由落体运动"改为"自由落体运动的概念"。

(3) 在最后插入一张"文本与剪贴画"版式的幻灯片。

(4) 在新插入的幻灯片中添加标题,内容为"加速度的计算",字体为"宋体"。

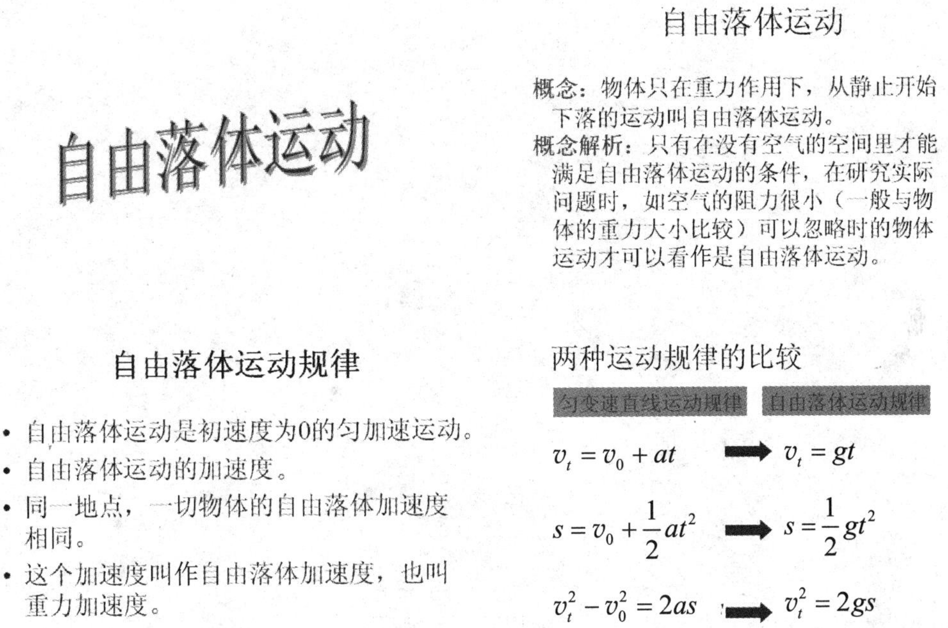

自由落体运动

概念:物体只在重力作用下,从静止开始下落的运动叫自由落体运动。

概念解析:只有在没有空气的空间里才能满足自由落体运动的条件,在研究实际问题时,如空气的阻力很小(一般与物体的重力大小比较)可以忽略时的物体运动才可以看作是自由落体运动。

自由落体运动规律

- 自由落体运动是初速度为0的匀加速运动。
- 自由落体运动的加速度。
- 同一地点,一切物体的自由落体加速度相同。
- 这个加速度叫作自由落体加速度,也叫重力加速度。

两种运动规律的比较

| 匀变速直线运动规律 | 自由落体运动规律 |

$v_t = v_0 + at$ ⟹ $v_t = gt$

$s = v_0 t + \dfrac{1}{2}at^2$ ⟹ $s = \dfrac{1}{2}gt^2$

$v_t^2 - v_0^2 = 2as$ ⟹ $v_t^2 = 2gs$

图 3-86 PPT 文档

第 4 章

PowerPoint 课件有声也有色
——音频、视频的应用

- PowerPoint 中声音处理的基本操作
- PowerPoint 中声音处理的特殊方法
- PowerPoint 中视频处理的基本操作
- PowerPoint 中视频处理的特殊方法

- 熟练掌握 PowerPoint 中声音处理的基本操作
- 掌握 PowerPoint 中声音处理的特殊方法
- 熟练掌握 PowerPoint 中视频处理的基本操作
- 掌握 PowerPoint 中视频处理的特殊方法

本章针对课件中的音频和视频进行探讨，介绍其在 PowerPoint 中的相应处理技术，如何插入音频和视频并恰当地使用，是 PPT 课件中的一个重要环节。

 ## 4.1 工作场景导入

【工作场景】

为了让听众很好地了解动物的习性，要在如图 4-1 所示 PPT 的下一页插入一段音频及视频，来介绍动物的生活习性。如果拥有的音频及视频不能完全符合要求，就要对插入的音频和视频进行剪辑。

图 4-1　PPT 的内容主题

【引导问题】

(1) 如何在 PPT 中插入音频和视频？
(2) 如何对音频和视频进行剪辑？

 ## 4.2 声音处理技术

与文字和图片相比，声音更能在潜意识层次上影响学生的情绪。不论是为学生创设一种带音乐的学习氛围，还是利用声音表达欢快、悲伤的情感，在课件设计制作中，都不应忽略声音的作用。

同时声音在课件使用过程中也更容易带来干扰，如果一个课件在使用时，打字、故障、刹车、风铃等声音不绝于耳，就不能起到集中学生注意力的作用，让人不堪其烦，因此选择声音和使用声音一定要谨慎。

声音在课件中的作用主要体现在以下几个方面。

(1) 利用声音直接提供学习内容。在课件中，可配合课件画面提供声音解说，为学习者提供听觉信息。

(2) 利用声音提供示范信息。声音主要用于在音乐或语言的教学中提供标准的声音示范，如单词读音等。

(3) 提供提示信息，以引起学生的注意。也可以通过声音为学生提供反馈信息，如可以根据学生回答问题的情况提供欢快的声音或是难过的声音等。

(4) 背景音乐。

(5) 渲染情绪，为学生创设真实的场景。

PowerPoint 的动画效果中集成了很多提示的声音，如爆炸、打印机的声音等。也可以直接通过插入声音文件，利用外部的声音素材。

PowerPoint 也可以为幻灯片录制旁白，这样在放映幻灯片时，可以自动播放声音。

PowerPoint 对声音的编辑功能较弱。大多数情况下，建议使用第三方软件，如 GoldWave、CoolEdit 等进行录制与编辑。

4.2.1 PowerPoint 中声音处理的基本操作

在 PowerPoint 中，声音处理的基本操作主要包括以下内容。

1. 背景音乐的插入

背景音乐主要用于营造气氛。在 PowerPoint 2010 中可以插入三种类型的声音，它们是文件中的音频、剪贴画音频和录制音频。插入方法如下。

在需要插入声音的页面，切换到功能区中的"插入"选项卡，找到"媒体"组，单击"音频"按钮，执行"文件中的音频"命令，在弹出的"插入音频"对话框中选择合适的音乐，再单击"插入"按钮即可，如图 4-2 所示。

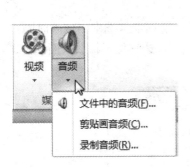

图 4-2 插入音频

这时，发现 PPT 界面有以下三个变化。

(1) 在页面上会出现一个小喇叭图标，单击"播放"按钮，即可听到声音，如图 4-3 所示。

(2) 切换到功能区中的"动画"选项卡，打开"动画窗格"任务窗格，可以发现该窗格中多了一个播放声音的动画，如图 4-4 所示。

(3) 单击小喇叭图标，在功能区中会出现"音频工具"选项卡，包括"格式"和"播放"两个标签,如图 4-5 所示。

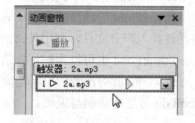

图 4-3　播放音频　　　　　　　　　　图 4-4　"动画窗格"任务窗格

图 4-5　"音频工具"选项卡

对声音的各项设置都是通过这三个选项的调节实现的。

操作一:播放时隐藏图标。

选中小喇叭图标,切换到"音频工具"下的"播放"选项卡,选中"放映时隐藏"复选框即可,如图 4-6 所示。或者直接用鼠标拖动小喇叭图标,让它位于播放页面的外部,这样播放的时候就看不到图标了。

图 4-6　设置播放时隐藏图标

操作二:让声音重复播放。

选中小喇叭图标,切换到"音频工具"下的"播放"选项卡,选中"循环播放,直到停止"复选框即可。

除此之外,还需要设置声音跨幻灯片播放,否则当 PPT 跳转到下一页时,声音会自动停止。设置方法如图 4-7 所示。这样,无论怎样单击鼠标,无论怎么跳转幻灯片都不会影响声音的播放了。

图 4-7　设置声音跨幻灯片播放

操作三：插入录制的声音。

单击"插入"选项卡中的"音频"按钮，执行"录制音频"命令，在弹出的"录音"对话框中自定义一个声音名称，单击 ● 按钮，开始录音；单击 ■ 按钮，录音结束；单击"确定"按钮后，屏幕上也会出现一个小喇叭图标，按 F5 键即可播放，如图 4-8 所示。

图 4-8　插入录制的声音

切换到功能区中的"转换"选项卡，单击"声音"按钮，选择所需的声音，如图 4-9 所示。

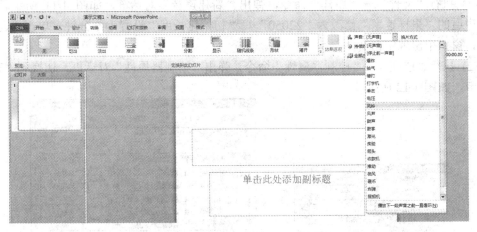

图 4-9　幻灯片切换

2．声音的运用

制作多媒体课件，声音是经常采用的元素。声音的主要表现形式有讲解、声效和音乐，通过这些能烘托课件的主题并营造气氛。PowerPoint 提供了对当前常见的声音文件的支持，用户可以在课件中很方便地使用这些声音对象，以增强课件的多媒体功能。

在幻灯片中合理地添加声音对象，可以使多媒体课件的功能更强大，更具感染力。但声音在 PPT 课件中的应用一定要恰当，特别要注意的是，在课件中最好不要有很多声音一次又一次地响起，这样不但起不到强调的作用，反而转移了学生的注意力。

建议少用或者不用动作声音，但片头和片尾、朗诵课文、美术课练习、课件的旁白说明等情况，应该配乐。

4.2.2 PowerPoint 课件中声音处理的特殊方法

在 PowerPoint 课件中处理声音的特殊方法主要有以下几种。

1．用第三方软件进行录音

在 PowerPoint 课件中可以直接录制声音，但由于较为简单，录制效果不是很好，推荐使用第三方的声音录制编辑软件，如 GoldWave、Audition 等。下面以 GoldWave 为例，介绍录制声音的过程。

1) 启动 GoldWave

(1) 单击桌面上的 GoldWave 图标，或者在安装文件夹中双击 GoldWave 图标，如图 4-10 所示，就可以运行 GoldWave。

(2) 第一次启动时会出现一个提示，单击"是"按钮即可，将自动生成一个预置文件。

(3) 顺利进入后会出现一个灰色空白窗口，旁边是一个暗红色的控制器窗口，它是用来控制播放的。

图 4-10 GoldWave 图标

2) 新建空白文件

(1) 执行"文件"→"新建"命令，弹出"新建声音"对话框，如图 4-11 所示。把第二个声道的"采样速率"修改为"22050"，"初始化长度"设置为 5 分钟，单击"确定"按钮，窗口中出现空白文件。

(2) 执行"选项"→"控制器属性"命令，弹出"控制器属性"对话框，切换到"音量"选项卡，如图 4-12 所示。

图 4-11 "新建声音"对话框

图 4-12 "控制器属性"对话框

在"音量设备"下拉列表框中选择"麦克风"选项,也就是从麦克风中录音,然后单击"确定"按钮。

(3) 将麦克风插到电脑上,红色插头插到红色插孔中,在 GoldWave 右侧控制面板上,单击红色圆点的"录音"按钮 ,然后对着麦克风说话就可以了。

(4) 如果录音的音量太小,可以在"音量控制"窗口中进行修改。

① 在任务栏右下角的小喇叭图标上双击,打开"音量控制"窗口,如图 4-13 所示。

② 执行"选项"→"属性"命令,弹出"属性"对话框,在"调节音量"选项组中选中"录音"单选按钮,在"显示下列音量控制"列表框中选中"麦克风"复选框,取消选中其他复选框,单击"确定"按钮,如图 4-14 所示。

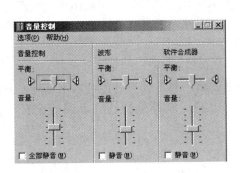
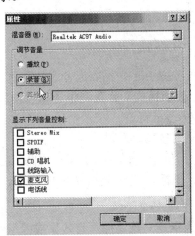

图 4-13　"音量控制"窗口　　　　图 4-14　"属性"对话框

③ 执行"选项"→"高级控制"命令,在窗口的下方出现"高级"按钮,单击该按钮,弹出"麦克风的高级控制"对话框,如图 4-15 所示。

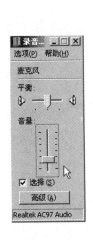
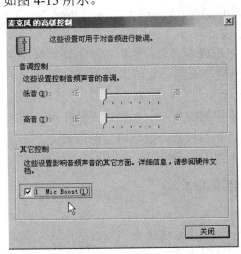

图 4-15　麦克风高级设置

④ 选中 1 Mic Boost 复选框,这样录音音量会增加许多,单击"关闭"按钮回到面板中,把音量适当降低。

这样就调整好了音量，回到 GoldWave 中继续录音即可。

2．标准的英语单词读音

1) 设计思想

在许多特定学科的课件中，可以利用课件提供声音教学信息，并且可以自主控制声音的播放，如图 4-16 所示，可以通过单击右侧的小喇叭图标，控制声音的播放。

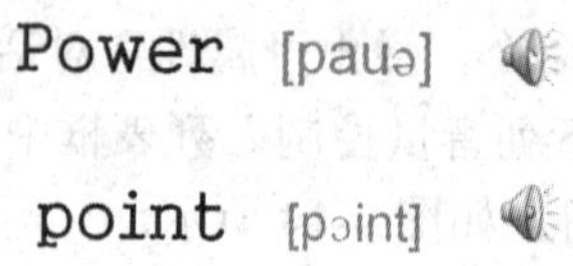

图 4-16　英语单词读音

2) 实现方法

在 PowerPoint 中插入声音非常方便，在插入外部文件时，会自动出现一个选项，询问声音是否自动播放，此范例中选择"否"选项。自动播放的声音一般用于幻灯片内容的自动讲解或背景音乐。

3) 应用技巧

在此示例中，利用一些词典软件，如金山词霸、有道词典等，可以用复制的方法快速输入英语音标。关于英语单词的读音，也可以利用软件录制这些单词的读音，再插入PowerPoint 中。

3．为指定对象添加声音效果或提示音

1) 设计思想

在课件制作中，很多地方为了吸引学生注意，或为了强调一些关键信息，可以适当添加声音提示。也可以使用声音反馈，在回答正确后添加鼓励的掌声等。所有这些都可以在PowerPoint 中利用自定义动画中的提示音或动作设置中的提示音来完成。

2) 实现方法

选中一个图形或者对象，然后切换到功能区中的"格式"选项卡，执行"无声音"命令，如图 4-17 所示。

3) 应用技巧

声音虽然有很好的提示、加强效果的作用，但若使用不当，添加太多的提示音，则极易分散学习者的注意力，干扰学生对学习内容的关注，起不到提示的作用。

4．控制声音的播放

1) 设计思想

课件制作中如果想通过声音体现教学内容，如课文的朗读及解说等，如何控制这种声音的始末呢？即在需要的时候让它播放，不需要的时候让其停止。

在 PowerPoint 中默认的对插入声音控制的方法是：单击声音图标，声音从头开始播放，无法达到我们需要的功能。

图 4-17　声音选择

PowerPoint 中还有另外一种特性，为插入的声音以及视频对象提供了几种特别的动画方式，结合触发器功能就能实现我们需要的效果。

2) 实现方法

(1) 给对象加入一个自动播放音乐的自定义动画声音，如图 4-18 所示。

(2) 调整动画窗格中的动画顺序。

5．为课件添加背景音乐及声音的循环播放

1) 设计思想

默认情况下，在 PowerPoint 中插入的声音只能在当前幻灯片中播放，在播放到新幻灯片时，声音会停止。那么如何为整个课件添加背景音乐，或为指定范围内的幻灯片播放背景音乐呢？

要想实现在多张幻灯片上播放同一个声音，或者说跨幻灯片播放声音文件，可以在插入的声音图标上右击，在弹出的快捷菜单中执行"自定义动画"命令，为声音添加自定义动画。

图 4-18　自定义声音

2) 实现方法

(1) 切换到功能区中的"插入"选项卡，单击"音频"按钮，执行"文件中的音频"命令，在弹出的"插入音频"对话框中选择声音文件插入，屏幕上会出现一个小喇叭图标，按 F5 键即可播放。若要让声音一直响到第 4 张幻灯片，那就需要执行以下操作。

(2) 切换到功能区中的"动画"选项卡，单击"动画"组右下角的对话框启动器按钮，打开"播放 声音"对话框，对声音进行设置，如图 4-19 所示。

图 4-19　设置声音循环播放

3) 应用技巧

利用此方法可以设置声音开始播放和结束播放的地方，对于音乐本身，也可以通过此前介绍过的循环播放方式。

6．录制和使用旁白

1) 设计思想

在 PowerPoint 中，旁白是指事先准备好的幻灯片解说。PowerPoint 2010 的"幻灯片放映"选项卡中提供了录制旁白的命令,如图 4-20(a)所示。

2) 设计方法

切换到"幻灯片放映"选项卡,单击"录制幻灯片演示"按钮,可选择从当前或者第一张幻灯片开始录制。执行命令后会弹出如图 4-20(b)所示的对话框,当最后一张幻灯片录制结束后,会弹出如图 4-20(c)所示的 Microsoft Office PowerPoint 对话框,可以将旁白保存于排练时间。

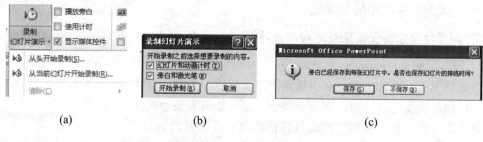

图 4-20 录制旁白

3) 应用技巧

旁白可以为学习者提供更多关于课件内容的讲解及具体的学习指导。利用旁白可以在一定程度上解决师生学习空间上的分离,教师不必在现场做演示讲解,直接使用录制好的演示旁白,这样对时间控制也更为精准。

4.3 视频处理技术

视频一般是指用摄像机记录的运动场景,具有直观、形象、生动、能真实传达事物及其所处环境等特征。在教学中,视频广泛应用于录制讲座,记录实验过程,提供动作练习示范,提供真实历史事件,创设学习情境与同步信息(如视频课堂)。还有大量的科教片应用于特定的主题教学,如《话说长江》《微观世界》等。

视频通过特定的拍摄及合成技术,可以实现空间与时间的变换,如变快为慢、变慢为快、化小为大、化大为小。视频还可以将数亿年的地球演化过程压缩为数分钟得以演示,也可以将蜜蜂翅膀振动的过程放慢呈现。

在现代,视频拍摄已经是一件很寻常的事情,而且随着一些视频网站的兴起,如优酷网,在网络上出现了越来越多的教学视频素材。

在 PowerPoint 课件中如何利用视频呢?

4.3.1 PowerPoint 课件中视频处理的基本操作

在 PowerPoint 中,视频处理的基本操作主要包括以下内容。

1. 视频的插入

在幻灯片中插入视频通常有以下 3 种方法。

1) 直接插入视频

这种插入方法是将事先准备好的视频文件作为电影文件直接插入到幻灯片中。该方法是最简单、最直观的一种方法，使用这种方法将视频文件插入幻灯片中后，PowerPoint 只提供简单的"暂停"和"继续播放"控制，而没有其他更多的操作按钮。

直接插入视频的操作步骤如下。

(1) 运行 PowerPoint 程序，打开需要插入视频文件的幻灯片。

(2) 单击"插入"选项卡中的"视频"按钮，在弹出的下拉菜单中执行"文件中的视频"命令，如图 4-21 所示。

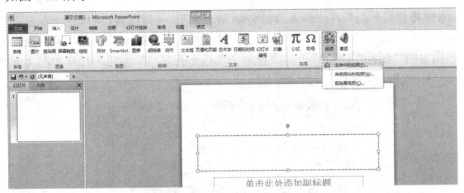

图 4-21　执行"文件中的视频"命令

(3) 在弹出的"插入影片"对话框中，选中事先准备好的视频文件(注意，只能是 Windows Media Player 可播放的影片)，并单击"添加"按钮，这样就能将视频文件插入幻灯片中。

(4) 出现如图 4-22 所示的提示对话框，"自动"是指当幻灯片进入放映状态后，自动开始播放插入视频；而"在单击时"则指需要单击一下鼠标或其他翻页键才开始播放视频。

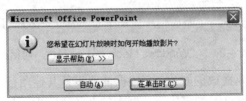

图 4-22　选择影片播放形式

(5) 也可以用鼠标选中视频文件窗口，然后调整其大小，并将其移动到合适的位置。

(6) 在播放过程中，将光标移动到视频窗口中，单击一下，视频就能暂停播放。如果想继续播放，再单击一下即可。

2) 插入对象播放视频

这种方法是将视频文件作为对象插入到幻灯片中。与以上方法不同的是，它可以随心所欲地选择实际需要播放的视频片段，然后再播放。实现步骤如下。

(1) 打开需要插入视频文件的幻灯片，单击"插入"选项卡中的"对象"按钮，打开"插入对象"对话框，如图 4-23 所示。

(2) 选中"新建"单选按钮，在"对象类型"列表框中选择 Windows Media Player 选项，然后单击"确定"按钮。

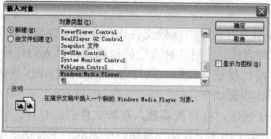

图 4-23　选择对象类型

(3) 系统将自动在幻灯片中插入 Windows Media Player 播放器,但只是一个空的播放器,并没有包含任何视频。需要将光标移至其上,然后右击,在弹出的快捷菜单中执行"属性"命令。在弹出的"属性"面板中单击"自定义"后面的"…"按钮,打开如图 4-24 所示的"Windows Media Player 属性"对话框。

图 4-24　"Windows Media Player 属性"对话框

(4) 根据提示找到需要播放的影片,并根据需要设置其他项目,然后单击"确定"按钮。

(5) 在播放过程中,可以通过媒体播放器中的"播放""停止""暂停"和"调节音量"等按钮对视频进行控制。

上面介绍的是 Windows Media Player 视频,而且是 Office 2010 中的操作方式。另一类常见的 RM 视频,也可以插入到幻灯片中,只是方法稍有不同。Flash 文件也是当前常见的动画视频,这些在以后另行介绍。

3) 插入控件播放视频

这种方法就是将视频文件作为控件插入到幻灯片中,然后通过修改控件属性,达到播放视频的目的。使用这种方法,有多种可供选择的操作按钮,播放进程可以完全自己控制,更加方便、灵活。该方法更适合 PowerPoint 课件中图片、文字、视频在同一页面的情况。操作步骤如下。

(1) 运行 PowerPoint 程序,打开需要插入视频文件的幻灯片。

(2) 打开"开发工具"选项卡,单击"控件"组中的"其他控件"按钮。

(3) 在打开的控件选择界面中，选择 Windows Media Player 选项，再将光标移动到 PowerPoint 的编辑区域，画出一个合适大小的矩形区域，随后该区域就会自动变为 Windows Media Player 的播放界面，如图 4-25 所示。

(4) 选中该播放界面，然后右击，在弹出的快捷菜单中执行"属性"命令，打开该媒体播放界面的"属性"面板，如图 4-26 所示。

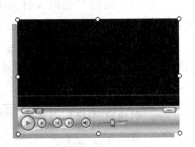

图 4-25 Windows Media Player 的播放界面　　　　图 4-26 "属性"面板

(5) 在"属性"面板中，单击"自定义"选项后面的"…"按钮，弹出如图 4-27 所示的"Windows Media Player 属性"对话框，在"文件名或 URL"文本框中正确输入需要插入幻灯片中视频文件的详细路径及文件名。这样在打开幻灯片时，就能通过"播放"按钮来播放指定的视频了。

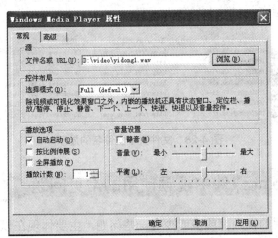

图 4-27 "Windows Media Player 属性"对话框

(6) 为了让插入的视频文件更好地与幻灯片组织在一起，可以设置控制栏、播放滑块以及视频属性栏。

(7) 在播放过程中，可以通过媒体播放器中的"播放""停止""暂停"和"调节音量"等按钮对视频进行控制。

2. 视频资源的获取

1) 在 IE 浏览器的临时文件夹中查找

(1) 在文件夹窗口中，执行"工具"→"文件夹选项"命令，打开"文件夹选项"对话框，切换到"查看"选项卡，在"高级设置"列表框中选中"显示所有文件和文件夹"单选按钮。

(2) 在浏览器中，执行"工具"→"Internet 选项"命令，打开"Internet 选项"对话框，切换到"常规"选项卡，在"浏览历史记录"选项组中单击"设置"按钮，弹出"Internet 临时文件和历史记录设置"对话框，单击"查看文件"按钮，会打开临时文件夹看到上网时下载的所有文件，找到你要的动画或视频复制到文件中。也可以打开 C:\Documents and Settings 文件夹找到登录用户用的文件夹。

(3) 打开 Local Settings，打开 Temp 文件夹，找到你要的视频文件，复制到你想放的地方。

> 注意：如果文件太多不方便查找，就删除该文件夹中不需要的文件后刷新网页，再刷新该文件夹找你要的文件。

2) 网上下载

在网上搜索感兴趣的视频，然后通过迅雷等软件进行下载。

3) 使用专用软件进行录制

如果网上没有合适的素材，则需要使用专用视频软件进行录制，如 Premiere。

当前流行的视频网站如 ku6、YouTobe、ouou 等，其视频是.flv 格式的，而且这些文件名都由一连串的数字组成，如图 4-28 所示。

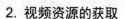

图 4-28 文件夹中文件名的显示

4.3.2 PowerPoint 课件中视频使用的常见问题

在很多课件中使用的视频都或多或少有一些问题，主要体现在以下几个方面。

1. 视频能在 Windows Media Player 中播放，却不能在 PowerPoint 中播放

PowerPoint 是用 Windows MCI Player（而不是用 Windows Media Player）来播放演示文稿中的所有视频的，视频的编码解码方式只有与 Windows MCI Player 兼容，才能在 PowerPoint 中正常播放。

2. 播放时能听到声音，只看到白屏(或黑屏)，而看不到视频

这种情况大多是由于视频文件的路径及文件名太长造成的，把演示文稿移到一个较短

路径的文件夹(如 D:\test)下,再把视频文件也移到该文件夹下并重新在演示文稿中插入一次,然后播放一下试试。

3. 演示文稿中的视频在原来制作演示文稿的计算机上播放正常,但复制到其他计算机上后却不能正常播放

PowerPoint 是通过链接的方式插入视频媒体的,并没有把视频嵌入到演示文稿中,必须把视频文件与演示文稿一起复制到其他计算机上才行。另外,媒体文件存放的路径应始终与把它插入演示文稿时的路径相同,因为复制的演示文稿保持着原来插入的链接路径,否则复制到其他计算机后应重新插入一次。

4. 有些媒体文件在 PowerPoint 中始终不能播放

一个原因是 PowerPoint 尊重媒体的版权,不直接播放具有数字版权管理要求的视频格式。另一个可能的原因是计算机中没有安装与当前要播放的视频相对应的多媒体数字信号编解码器。建议在计算机中安装最新版的 K-Lite Mega Codec Pack 视频解码包。

5. 不能在 PowerPoint 中播放 QuickTime 格式的文件

QuickTime 是苹果公司开发的一个视频格式,与 Windows MCI Player 并不兼容,必须把 QuickTime 文件转换成 Windows 格式的文件或者是在 PowerPoint 中把 QuickTime Player 作为对象插入,即插入一个 QuickTime Player 控件来播放 QuickTime 格式的文件。

6. 如何插入并播放 FLV 格式的 Flash 视频

Flash 视频是 Adobe 公司的专有视频格式,与 Windows MCI Player 也不兼容,要在 PowerPoint 中插入 FLV 格式的文件并正常播放,一种方法是将它转换为标准的 Windows 格式的视频;另一种方法是用能直接播放它的插件,如 VLC media player for Windows 插件(这是一个跨平台、开放源代码的工具,其最新版本可在官方网站 http://www.videolan.org/vlc/download-windows.html 下载),然后在插件中链接 FLV 视频来播放。

4.3.3 PowerPoint 课件中视频处理的特殊方法

在 PowerPoint 课件中主要有以下几种特殊的处理视频的方法。

1. 视频格式的转换

视频格式众多,包括 RMVB、MP4、MOV、FLV、AVI、WMV 等格式。很多视频不能直接插入 PowerPoint 中,所以在使用前应当清楚视频素材是什么格式的。

转换视频格式的软件很多,可以从网络中搜索。这里介绍一款常用的格式转换软件"格式工厂",它几乎支持所有视频格式之间的转换,如图 4-29 所示。

建议在转换视频格式时,转换成 AVI 或 WMV 这两种视频格式,这样可以保证课件能在更多的计算机中正常使用。

另外,使用 Oplayer(QQ 影音)等视频播放软件也可以非常方便地对视频进行截取和格式转换。

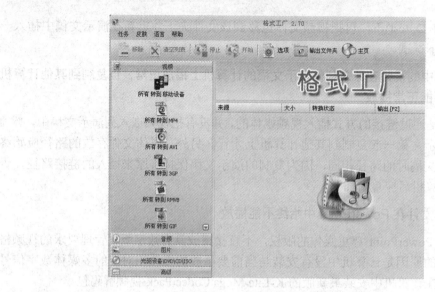

图 4-29 "格式工厂"软件界面

下面用一个例子说明利用 QQ 影音截取视频的方法。

(1) 使用 QQ 影音播放要截取或转换格式的视频,在界面底部单击"影音工具箱"按钮,在弹出的列表中单击"截取"按钮,如图 4-30 所示。

图 4-30 QQ 影音界面

(2) 调整要截取的范围,可以使用微调工具进行精确调整,如图 4-31 所示。

图 4-31 调整要截取的范围

(3) 单击"保存"按钮,在弹出的"视频/音频保存"对话框中选择需要的格式即可。

2. 简单的视频剪辑

视频编辑软件一般都非常复杂,学习起来并不简单,但如果只想对视频进行剪辑等简单的编辑,可以使用 Windows 自带的 Movie Maker。

Movie Maker 是 Windows XP 和 Vista 自带的一款小软件,可以在"开始"菜单的"附件"列表中找到它，其界面如图 4-32 所示。

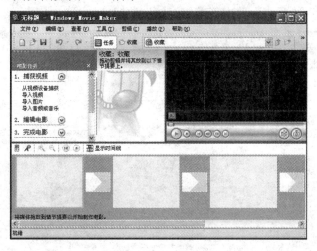

图 4-32　Movie Maker 界面

每个人在计算机上看到的软件界面可能因为版本原因与上面的截图不同，具体的操作可以查看软件的帮助文件。

3. 在 PowerPoint 中直接插入 FLV 视频

网络上分享的视频大多为 FLV 格式的，但 PowerPoint 并不支持 FLV 格式视频的直接插入，除了将 FLV 视频格式进行格式转换以外，还可以在 PowerPoint 中插入一个 FLV 的播放器，利用插入的播放器播放 FLV 视频，从而实现将其插入到 PowerPoint 中的目的。

4.4　回到工作场景

通过 4.2～4.3 节的学习，学生应学会在 PPT 中对音频和视频进行相关处理，这些知识足够完成 4.1 节中的工作场景。

(1) 切换到"插入"选项卡，然后单击"媒体"组中的"音频"或"视频"按钮，插入相应的音频或视频，如图 4-33 所示。

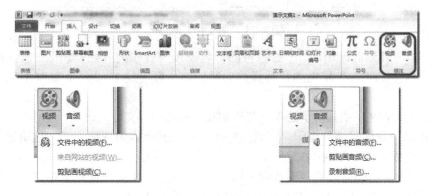

图 4-33　插入音频或视频

(2) 插入视频后,单击"播放"按钮可以播放视频。要对该视频进行剪辑,可在"视频工具"下的"播放"选项卡中单击"剪辑视频"按钮,如图 4-34 所示。

图 4-34　剪辑视频

(3) 插入音频后,要与视频有一致的进度。单击"剪辑音频"按钮即可对音频进行剪辑,如图 4-35 所示。

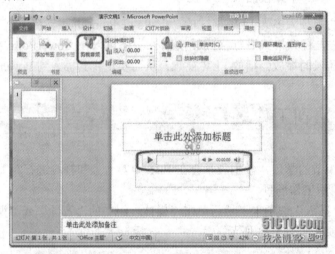

图 4-35　插入并剪辑音频

(4) 视频与音频剪辑相同。1 处绿色图标为视频与音频的开始;2 处红色图标为视频与音频的结束;3 处为当前视频音频播放的时间线。可调整 1、2 达到最终剪辑目的,如图 4-36 所示。

(5) 如何提取这个被剪辑了的视频与音频呢?首先在"文件"选项卡中选择"信息"命令,然后单击"压缩媒体"按钮,在其下拉菜单中选择所需的压缩方式。这里选择"演示文稿质量"压缩方式,如图 4-37 所示。

(6) 右击前面压缩完成的视频音频剪辑文件,然后在弹出的快捷菜单中选择"打开方式"命令,从子菜单中选择 WinRAR 压缩软件并打开,如图 4-38 所示。

第 4 章　PowerPoint 课件有声也有色——音频、视频的应用

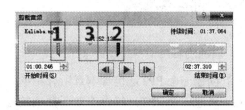

图 4-36　完成剪辑

图 4-37　压缩文件

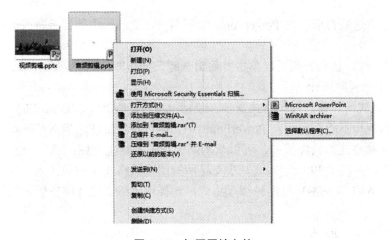

图 4-38　打开压缩文件

4.5 工作实训营

4.5.1 训练实例

1. 训练内容

(1) 创建一个 PPT，包含本章所介绍的音频知识点相应设计。
(2) 创建一个 PPT，包含本章所介绍的视频知识点相应设计。
(3) 创建一个 PPT，包含音频和视频的结合设计。

2. 训练目的

为了加深对本章所学内容的理解，加强对音频、视频相应的使用，增强相应的知识点锻炼是必需的。

3. 训练过程

1) PPT 中的音频设计

(1) 让声音重复播放。选中小喇叭图标，在"音频工具"下的"播放"选项卡中，选中"循环播放，直到停止"复选框即可。除此之外，还需要设置声音跨幻灯片播放，否则当 PPT 跳转到下一页时，声音会自动停止。

(2) 插入录制的声音。单击"插入"选项卡中的"音频"按钮，执行"录制声音"命令，在弹出的"录音"对话框中自定义一个声音名称，单击 ● 按钮，开始录音；单击 ■ 按钮，录音结束；单击"确定"按钮后，屏幕上也会出现一个小喇叭图标，按 F5 键播放。

(3) 为指定对象添加声音效果或提示音。在课件制作中，为了吸引学生注意，或为了强调一些关键信息，可以适当添加声音提示。也可以使用声音反馈，在回答正确后添加鼓励的掌声等。所有这些都可以在 PowerPoint 中利用自定义动画中的提示音或动作设置中的提示音来完成。

(4) 剪辑音频。插入音频后，单击"剪辑音频"按钮即可对音频进行剪辑。

2) PPT 中的视频设计

(1) 视频格式的转换。视频格式众多，包括 RMVB、MP4、MOV、FLV、AVI、WMV 等格式。很多视频不能直接插入 PowerPoint 中，所以在使用前应当清楚视频素材是什么格式的。转换视频格式的软件很多，可以从网络中搜索。这里介绍一款常用的格式转换软件"格式工厂"，如图 4-39 所示，它几乎支持所有的视频格式之间的转换。建议在转换视频格式时，选择 AVI 或 WMV 这两种视频格式，这样可以保证课件能在更多的计算机中正常使用。

(2) 视频剪辑。插入视频后，单击"剪辑视频"按钮即可对视频进行剪辑，或者通过剪辑软件进行剪辑。

3) 音频和视频的结合设计

音频和视频结合时两者之间不受彼此影响，因此两者的结合操作可以根据上面的前两个问题提到的解答设计。

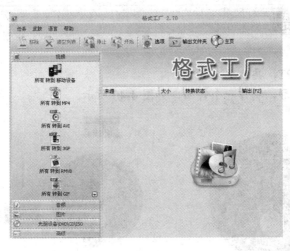

图 4-39 "格式工厂"软件界面

4. 技术要点

PPT 课件音频、视频设计的相关内容。

4.5.2 工作实践常见问题解析

【常见问题 1】 在一些课件中为什么有时声音播放不出来或者播放的声音不流畅？

【答】

(1) 声音质量问题。特别是自己录制的声音文件，要检查录制的声音是否清楚规范，语速快慢是否合适，是否可以作为课件使用的教学对象等。像课件内容讲解的声音、朗诵等内容，需要选择一些音色比较好的声音，要控制噪声，注意文件的编码参数。

(2) 声音与课件内容结合问题。主要体现在背景音乐的使用上，在很多情况下，课件所使用的声音是为使用音乐而使用音乐，声音没有为课件提供相应的意境，没有发挥音乐渲染情绪的作用。

(3) 课件上的声音播放问题。主要是因为声音文件丢失或声音文件质量过高，计算机性能跟不上，声音不能流畅播放。

【常见问题 2】 在 PowerPoint 中如何播放 RM 或 RMVB 格式的视频？

【答】 RM 和 RMVB 是 REAL 公司的流媒体视频格式，与 Windows MCI Player 不兼容，不能在 PowerPoint 中直接插入并播放。可以通过在系统中安装 RealPlayer 播放器，然后在 PowerPoint 中插入 RealPlayer 播放器附带的 ActiveX 控件来播放 RM 及 RMVB 格式的视频。

【常见问题 3】 为什么原有的带视频的演示文稿现在不能正常演示？

【答】 出现这种情况，通常是安装多媒体数字信号编解码器或是安装应用程序时修改了系统设置所致，最简单有效的解决办法是下载一个最新版的 Windows Media Player 并重新安装一遍。

4.6 习题

1. 设计一个 PPT，具体要求如下。
(1) 利用自绘图形，制作一个钟面，如图 4-40 所示。

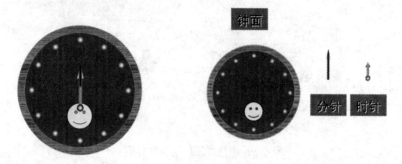

图 4-40 绘制钟面

(2) 在 PPT 中插入钟表的嘀嗒声音。
2. 设计一个 PPT，具体要求如下。
如图 4-41 所示，在此 PPT 中插入一段视频来演示自由落体运动。

自由落体运动

图 4-41 自由落体运动 PPT

第 5 章

PowerPoint 课件的交互设计

- 按钮的使用
- 触发器的使用
- 宏的使用
- VBA 技术的使用

- 熟练掌握各种按钮的制作
- 熟练掌握超链接及动作设置方法
- 会使用触发器制作选择题、连线题等
- 会使用 VBA 技术制作单项选择题

交互性是课件与其他教学媒体和教学材料最重要的区别,印刷材料和课件都是一种教学内容的传递工具,但使用课件除了可以利用更丰富的媒体形式展现内容外,还可以灵活控制内容出现的顺序和频率,为不同的学习者呈现不同的内容和反馈信息,这就是课件的交互。

课件的交互,从根本上来说有以下两层含义。

- 使用/操作课件的方式,如通过按钮、菜单、热区控制课件的播放。
- 课件能让学习者实时向课件输入信息,课件也能提供及时的反馈信息,没有反馈也就没有交互。

在 PowerPoint 中,如何能实现按钮、菜单、热区等操作,课件如何能及时响应不同学习者输入的信息呢?

5.1 工作场景导入

【工作场景】

在制作 PPT 的过程中我们经常会遇到利用按钮、菜单、热区控制课件的播放。如图 5-1 所示,幻灯片中已经插入了一段音频,我们需要在幻灯片中通过使用触发器设置按钮来控制歌曲的播放。

图 5-1　插入音频的 PPT

【引导问题】

(1) 如何在幻灯片中设置按钮?
(2) 如何在幻灯片中使用触发器?

5.2 按钮的使用

5.2.1 按钮概述

按钮是课件制作中最常见的交互方式,是一个可以响应鼠标单击的特定对象,在 PowerPoint

中可以使用自绘图形、插入的图片或者文本框等对象制作按钮。

图5-2是一个使用自绘图形和文本组合成的按钮。使用自绘图形可以设置填充颜色和填充方式，也可以添加阴影和3D效果，文字格式也可以自由地设置。

可以为制定的按钮对象添加超链接按钮或动作设置，从而让它具有按钮的功能，如图5-3所示。

图5-2 自定义按钮

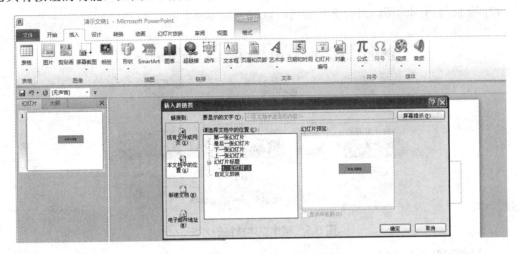

图5-3 为自定义按钮添加超链接

插入超链接是为按钮指定单击时跳转的位置，链接的内容可以是本课件中的幻灯片，也可以是外部的文档或网页链接，或者是指定的放映方式等。也可以使用"动作设置"对话框设置超链接，如图5-4所示。

图5-4 用动作设置超链接

5.2.2 按钮的制作

1．制作简易的立体按钮

制作步骤如下(见图5-5)。

(1) 在自选图形中选择椭圆,按住 Shift 键可绘出一个正圆。
(2) 按住 Shift+Ctrl 快捷键拖动正圆可得到一个相同的圆。
(3) 设置后一个圆的比例,将其嵌套在前一个圆中。
(4) 分别设置两圆的填充色。
(5) 内圆选择双色渐变填充,方向可为水平或垂直,边框选择比填充色深一些的颜色。
(6) 外圆选择双色渐变填充,45°斜向填充,无边框或浅灰边框。
(7) 最后将得到的图形组合适当旋转,以增强立体感。

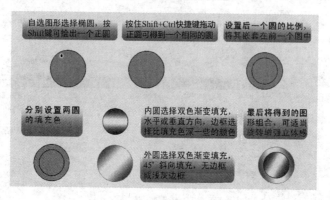

图 5-5 制作立体按钮的方法

2. 制作圆形水晶按钮

看到图 5-6 右侧的水晶按钮,你可能会以为是在 Photoshop 之类的专业图形软件中制作,然后再插入到这个演示文稿中的,其实可以利用 PowerPoint 的绘图功能来制作。这样不用处理插入图片的背景,而且非常简单,只需 3 步操作即可。

(1) 绘制圆形底图。在"插入"选项卡中单击"形状"按钮,在弹出的下拉菜单中选择"椭圆"选项,按住 Shift 键不放的同时按下鼠标左键拖动鼠标,画一个圆。设置它为"无线条颜色"。单击功能区中的"形状填充"按钮,在弹出的菜单中执行"渐变"命令,打开"渐变"选项卡,在"渐变"选项卡中设置"颜色"为红色,调整颜色的深浅,设置"底纹样式"为"水平",在"变形"选项组中选择第二种变形,单击"确定"按钮。

(2) 绘制上部高光。仿照上步在刚才绘制的圆的上部,按下鼠标左键拖动鼠标,绘制一个椭圆。设置它为"无线条颜色"。在"渐变"选项卡中选择"单色"白色,设置"透明度"从 0%到 100%,"底纹样式"为"水平","变形"选默认的第一种。

(3) 绘制下部反光。仿照步骤(2),在步骤(1)中绘制的圆的下部画出一个椭圆,设置它为"无线条颜色"。在"渐变"选项卡中选择"单色"白色,设置"透明度"从 40%到 100%,"底纹样式"为"中心辐射","变形"也选默认的第一种。效果如图 5-6 所示。

绘制底图　　　绘制上部高光　　　绘制下部反光

图 5-6 制作水晶按钮的方法

经过以上 3 个步骤,一个漂亮的水晶按钮就制作完成了。为了以后操作方便,最好把 3 部分组合起来。拖动鼠标,同时选中这 3 个图形,执行"组合"命令即可。

下面来设置动作。单击"插入"选项卡中的"动作"按钮,弹出如图 5-7 所示的对话框。用同样的方法设置下部反光部分的动作。

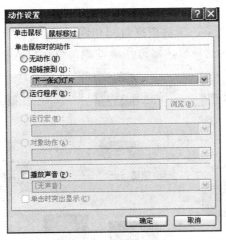

图 5-7　为水晶按钮设置动画

接下来再来制作其他颜色的水晶按钮。按住 Ctrl 键不放,在刚制作的红色按钮上按下鼠标左键拖动,复制一个按钮。单击圆形底图部分,给它填充不同的颜色,绚丽多彩的水晶按钮就诞生了。当然,还可以给圆形底图填充图片,如图 5-8 所示。若图片是 GIF 格式的,水晶按钮还可以自由运动。

(a) 修改颜色　　　　(b) 填充纹理效果　　　　(c) 填充图片

图 5-8　其他水晶按钮

5.3　触发器的使用

5.3.1　触发器概述

使用 PPT 自定义动画效果中自带的触发器功能,能在 PPT 中实现交互,给课件的制作提供了很多方便,也让 PPT 课件增添了许多亮点。

1. 什么是触发器

触发器就相当于一个"开关",通过这个开关控制 PPT 中的动作元素(包括音频、视频元素)什么时候开始运作。

传统的方式对于动画的执行一般为"单击",也有"之后""之前"控制动画执行的条件。需要注意的是,这里的"单击"是在页面空白处,单击执行动画,当页面所有的动画执行完毕后,再次单击进入下一页。也就是说,要想观看下一页的内容,必须在当前页所有动画放映完之后。

但是,在一些特殊情况下,需要根据时间和现场情况决定是否要演示一些动画,如果不需要,就可以通过触发器的原理,跳过当前动画,直接进入下一页,如图5-9所示。

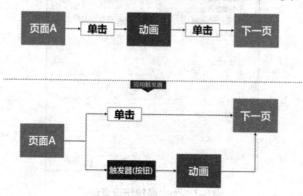

图 5-9　使用触发器的作用

例如,页面中有两个动作元素,一般情况下,动作元素的动作有一个先后关系,也就是说,哪个动作元素先动,哪个动作元素后动,是事先设定好的,PPT作品运行时是不能调整其动作先后顺序的。而在教学实践中,往往存在动作顺序的不确定性,这时,触发器就能帮上大忙了。如图5-10所示,同一页面中有1、2、3 3个动作元素,通过触发器,可以让这3个动作元素随意出现,而不是按设定的顺序出现。

图 5-10　3个动作元素

2. 哪些对象可以设置为触发器

在 PowerPoint 中,图片、图形、按钮等都可以作为触发器,一段文字或文本框也可以做触发器。单击触发器时,它会触发一个指定的操作(播放指定动画、控制声音或视频等)。

3. 在哪里设置触发器

以上面的3个动作元素为例,怎样才能实现让这3个动作元素随意出现,而不是按设定的顺序出现呢?

首先给动作元素1进行动画设置,将元素1动画设置为"飞入"状态,如图5-11所示。

第 5 章 PowerPoint 课件的交互设计

图 5-11 设置动画效果

然后单击功能区中的"动画窗格"按钮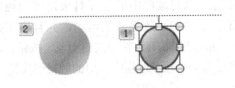，弹出如图 5-12 所示的"动画窗格"任务窗格。

单击下拉按钮从中执行"计时"命令，在弹出的"飞入"对话框中单击"计时"标签(见图 5-13)，切换到"计时"选项卡。单击"触发器"按钮，并选中"单击下列对象时启动效果"单选按钮，然后选中"椭圆 4"，最后单击"确定"按钮。

图 5-12 "动画窗格"窗格　　　　　　　图 5-13 "计时"选项卡

按相同的方法，对动作元素 2 进行设置。所有的设置完成之后，随意单击某个动作对象，该动作对象就开始运动了。

4. 触发器与超链接有何区别

触发器与超链接最大的区别是超链接实现的是跳转或打开指定的程序；而触发器是在同一张幻灯片中实现指定动画播放。

在效果上，使用超链接(与动作设置)可以实现触发器的功能,但需要使用更多的幻灯片。例如在一张幻灯片中，可以通过单击图片来播放指定动画，也可以通过设置超链接来连接到指定动画的幻灯片上。

127

5.3.2 触发器的应用实例

以前在用 PowerPoint 制作课件时，常发现制作人机交互练习题非常麻烦。现在，在 PowerPoint 2010 中，利用自定义动画效果中自带的触发器功能可以轻松地制作出交互练习题。触发器功能可以将画面中的任一对象设置为触发器，单击它，该触发器下的所有对象就能根据预先设定的动画效果开始运动，并且设定好的触发器可以多次重复使用。触发器类似于 Authorware、Flash 等软件中的热对象、按钮、热文字等，单击后会引发一个或者一系列动作。下面通过几个在教学过程中常用的触发器实例，来了解一下如何制作触发器。

1. 文本的交互显示

1) 设计思想

一般用 PowerPoint 制作的课件，每张幻灯片上的内容出现的顺序都是事先安排好的，如果要中途变换放映顺序则很困难，这样就影响了课件的交互性。例如，《波的形成》一节课，要求学生自己总结波的特点，其特点大致可以归纳为 3 方面，教学设计要求学生讲出一点，在屏幕上就出现相应的文字，但是我们无法预知学生先归纳哪一特点，也就不可能预先做好文本的出现顺序。

2) 实现方法

(1) 制作一组交互按钮。单击"插入"选项卡中的"文本框"按钮，在演示文稿的某一幻灯片中插入一个文本框作为交互按钮，输入需要的文字。例如，"A"。因为需要控制的文本有 3 段，可以依次插入另外两个文本框，并输入"B"和"C"，如图 5-14 所示。为了便于区别，还可以通过右键快捷菜单中的"设置形状格式"命令来选择文本框的填充颜色和线条颜色。当然按钮的选择也可以根据自己的爱好，选用图片或者其他的文本。

(2) 制作一组与交互按钮对应的文本。单击"插入"选项卡中的"文本框"按钮，在演示文稿中插入一个文本框，根据需要输入需要显示的文本内容，每个交互按钮分别对应一段文字，如图 5-15 所示。

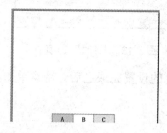
图 5-14 交互按钮

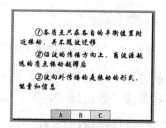
图 5-15 文本内容

(3) 设置文本的动画和效果。首先制作文本的进入动画。选中所需文本，单击"动画"选项卡中的"添加动画"按钮，在弹出的菜单中依次执行"进入"→"飞入"命令(当然也可以选择其他的进入动画效果)，如图 5-16 所示。然后设置文本的效果，如图 5-17 所示，在下拉菜单中执行"计时"命令，在弹出的"飞入"对话框中单击"触发器"按钮，选中"单击下列对象时启动效果"单选按钮，在右侧的下拉列表框中选择 TextBox4:A 选项，如图 5-18 所示。即表示单击 TextBox4:A(交互按钮)时对应的文本以飞入的方式进入。

第 5 章　PowerPoint 课件的交互设计

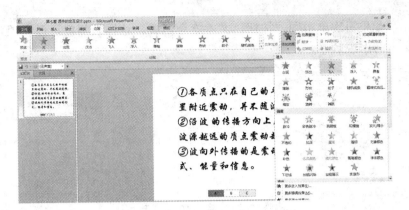

图 5-16　选择动画效果

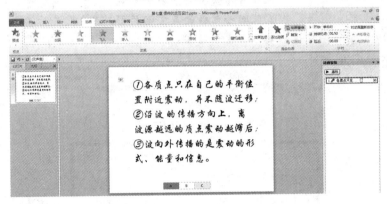

图 5-17　设置文本的效果

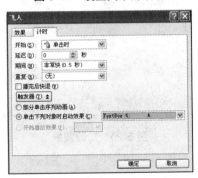

图 5-18　动画的"计时"设置

如果需要还可以制作文本的退出动画。选中所需文本，单击"动画"选项卡中的"添加动画"按钮，在弹出的菜单中依次执行"退出"→"飞出"命令，如图 5-19 所示。然后设置文本效果，在图 5-18 所示的"计时"选项卡中单击"触发器"按钮，选中"单击下列对象时启动效果"单选按钮，在右侧的下拉列表框中选择 TextBox4:A 选项。即表示再次单击 TextBox4:A(交互按钮)时超链接按钮以飞出的方式退出。

（4）实现文本出现的任意顺序。重复以上过程，可以制作一组各自对应的交互按钮和文本，每个交互按钮通过触发器控制对应文本的进入和退出。如果不单击交互按钮，演示就会按部就班地进行下去。如果需要，单击某一需要的交互按钮，带动对应的文字出现，如

图 5-20 所示,如果再次单击同一按钮,文本就会消失,这样教师就可以在课堂上任意控制和调整文本的出现顺序。

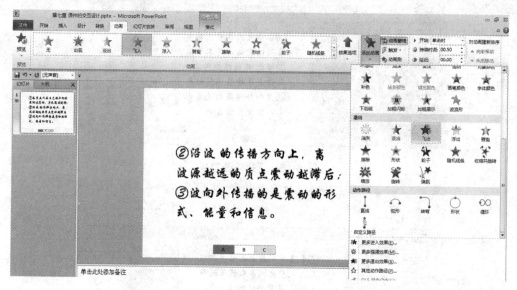

图 5-19 设置退出动画

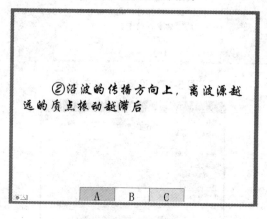

图 5-20 动画效果

3) 应用拓展

通过以上对触发器的使用,可以初步了解它的特性,只要是需要人为控制的随机事件,都可以通过触发器的功能来实现,这样就可以使 PowerPoint 的交互功能大为增强。

2. 制作选择题

PowerPoint 制作的课件一般用来在课堂上向学生展示教学内容,但也可以制作成练习型的课件,即通过 PPT 向学生提供练习的内容,可以是选择、填空、判断、连线等方式。

使用 PowerPoint 制作练习题,可以向学生及时提供反馈信息,如果使用 VBA 交互,还可以实现统计学生成绩、随机出题等功能。

1) 设计思路

设计选择题,关键是设计学习者选择选项后,如何为学习者提供反馈信息。可以利用超链接(动作设置): 单击指定项后跳转到相应的幻灯片上, 即如果做一道 4 个选项的选择题, 则需要 5 张幻灯片(每张幻灯片提供一个反馈结果)。也可以利用前面介绍的触发器, 把选项制作成触发器, 让它们触发各自的反馈结果则更方便。

2) 实现方法

(1) 插入文本框并输入文字。插入多个文本框, 并输入相应的文字内容。要特别注意把题目、选择题的多个选项和对错分别放在不同的文本框中, 这样可以制成不同的文本对象。图 5-21 是一道小学数学选择题, 这里共有 7 个文本框。

(2) 自定义动画效果。触发器是在自定义动画中的, 所以在设置触发器之前还必须设置选择题的 3 个对错判断文本框的自定义动画效果。这里简单地设置其动画效果均为从右侧飞入, 如图 5-22 所示。

图 5-21 输入文本

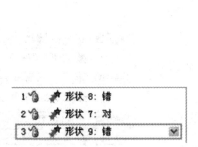

图 5-22 设置动画效果

(3) 设置触发器。在自定义动画列表中单击"形状 8:错"动画效果, 在下拉菜单中执行"效果选项"命令, 弹出"飞入"对话框, 切换到"计时"选项卡, 单击"触发器"按钮, 然后选中"单击下列对象时启动效果"单选按钮, 并在右侧的下拉列表框中选择"形状 4:A.124"选项, 即选择第一个答案 124 项。用同样的方法设置其他的对、错文本框, 最终效果如图 5-23 所示。

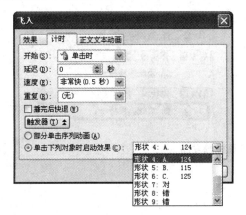
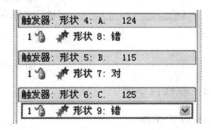

图 5-23 设置触发器效果

(4) 效果浏览。选择该幻灯片播放，你会发现单击"A.124"这个答案后立刻会从右侧飞出"错"，如果单击"B.115"会从右侧飞出"对"，如果单击"C.125"会从右侧飞出"错"。

3) 应用拓展

通过触发器还可以制作判断题，方法类似，只要是人机交互的练习题都能通过它来完成。

3．制作连线题

连线题的制作原理和选择题类似，单击连线对象会出现连线动画，所以为相应的连线动画设置触发条件就可以了。

其步骤如下。

(1) 输入连线对象，如图 5-24 所示。

(2) 为 3 条线设置相应的动画再现方式，如图 5-25 所示。

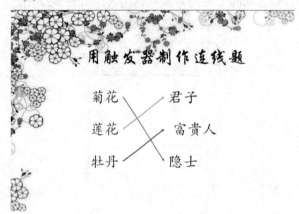

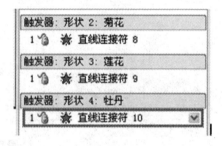

图 5-24　输入连线题　　　　　　　　图 5-25　设定直线动画

(3) 为 3 个连线动画设置触发条件，如图 5-26 所示。

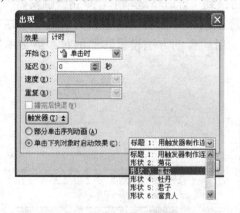

图 5-26　设置直线触发器

4．制作填空题

1) 设计思路

填空题是一种常见的练习形式，在 PowerPoint 中实现填空的效果一般有以下两种方式。

(1) 使用一张幻灯片制作填空的题目，再制作两张带答案的幻灯片，在填空的位置设置一个超链接，可以跳转到带答案的幻灯片上。使用这种方式制作填空题，需要设计许多张幻灯片，设置和控制也比较麻烦。

(2) 将答案选项和题目制作在同一张幻灯片上，为答案选项添加进入和退出两种自定义动画，然后在填空的位置添加一个透明的形状，用来作为触发器，控制答案的显示和隐藏。

2) 实现方法

(1) 制作好所需要的题目及答案，如图 5-27 所示。

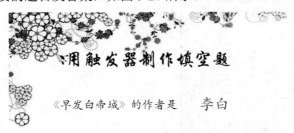

图 5-27 输入填空题

(2) 为答案添加进入和退出的自定义动画，如图 5-28 所示。

(3) 绘制一个矩形，并设置成透明色，将答案盖住。

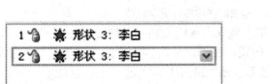 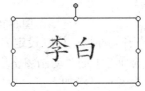

图 5-28 添加答案动画

(4) 双击自定义动画，设置触发条件(两个动画都要设置)，如图 5-29 所示。

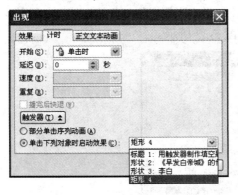

图 5-29 设置触发条件

5．用触发器控制声音

在 PowerPoint 中可以用触发器控制声音，如在课件中加上一段音乐，用于学生朗读课文时播放，既能在适当的时候停止，又能在适当的时候重新播放。其实现步骤如下。

(1) 在幻灯片中单击"插入"选项卡中的"音频"按钮,执行"文件中的音频"命令,把所需的声音文件导入。

(2) 依次单击"插入"选项卡中的"动作"按钮,在幻灯片中拖出 3 个按钮,在打开的"动作设置"对话框中选中"无动作"单选按钮,如图 5-30(a)所示。分别选择 3 个按钮,在右键菜单中执行"编辑文本"命令,为 3 个按钮分别加上文字:播放、暂停、停止,如图 5-30(b)所示。

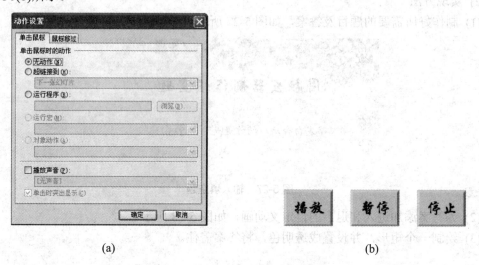

(a)　　　　　　　　　　　　(b)

图 5-30　添加动作按钮并设置属性

(3) 将声音文件播放控制设定为用"播放"按钮控制。选择幻灯片中的小喇叭图标,单击"动画"选项卡中的"动画窗格"按钮,在幻灯片右侧出现的"动画窗格"任务窗格中,可以看到背景音乐已经加入了"自定义动画"窗格中。双击有小鼠标的那一格,打开"播放 声音"对话框,切换到"计时"选项卡,单击"触发器"按钮,选中"单击下列对象时启动效果"单选按钮,在其右侧的下拉列表框中选择触发对象,然后单击"确定"按钮,如图 5-31 所示。

(4) 将声音文件暂停控制设定为用"暂停"按钮控制。继续选择小喇叭图标,在功能区中执行"暂停"命令,如图 5-32 所示。

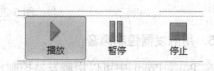

图 5-31　为"播放"按钮设置触发器　　　　图 5-32　"暂停"按钮设置

在"自定义动画"任务窗格下方出现了暂停控制格,双击控制格,打开"暂停 声音"对话框,单击"触发器"按钮,选中"单击下列对象时启动效果"单选按钮,在右侧的下拉列表框中选择触发对象,然后单击"确定"按钮,如图5-33所示。

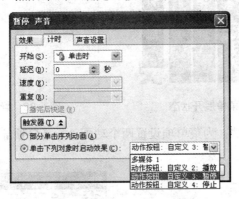

图5-33 为"暂停"按钮设置触发器

(5) 将声音文件停止控制设定为用"停止"按钮控制。在功能区中执行"停止"命令,然后操作方法同步骤(4),将触发对象设定为"停止"按钮,结果如图5-34所示。

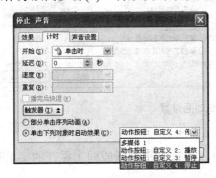 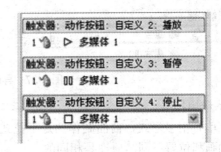

图5-34 为"停止"按钮设置触发器

6. 制作菜单

菜单是计算机中一种常见的交互方式,其最大的特点是可以折叠,所以在一定场合可以起到节省空间的作用。

1) 设计思路

菜单有两种状态:一是展开;二是收起。所以采用开关按钮的方法,先制作出菜单的两种状态,然后设置触发条件即可。

2) 实现方法

(1) 制作菜单的两种状态,分别如图5-35和图5-36所示。

菜单与按钮的区别是:菜单有很多项,每一项要跳转到指定的位置(超链接或动作设置),所以制作时要先将这些项分开,再设置超链接,避免以后修改麻烦。如果使用图片作为菜单,可以使用透明的自绘形状覆盖在菜单项上,然后组合,这样就不用为每一个菜单项设计同样的动画了。

图 5-35 导航菜单展开状态

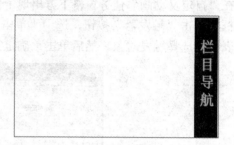
图 5-36 导航菜单收起状态

(2) 设置动画触发条件：为菜单项设置两个动画，一是自顶部进入动画；二是自底部退出动画，如图 5-37 所示。

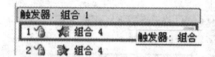
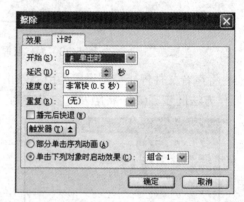

图 5-37 导航菜单动画设置

3) 应用拓展

菜单有很多形式，前面制作的是下拉式菜单，也有水平展开或向上展开的菜单形式，只是动画和位置不同，原理是相同的。

7. 热区的应用——鼠标经过提示信息

在很多课件中，为了让学习者了解物体结构的内容，经常使用图片或模型来展示。如果要让学生详细了解物体各部分的结构，就需要在课件中对物体的不同部分进行交互设计，这就是热区。

1) 什么是热区

热区也是按钮，是隐形的或者说是看不见的按钮。

2) 如何制作热区

因为热区就是按钮，所以制作的方法与按钮相同，只是将绘制的按钮边框设置成无线条颜色，填充设置成透明的。

3) 如何使用热区

热区有两种操作：一是进入热区，进入热区时提供提示信息；二是离开热区，离开热区时，提示信息要消失。在 PowerPoint 中可以利用动作设置中的鼠标经过效果来制作进入热区的操作。

如何实现离开热区的操作呢？

实际上就是利用 PowerPoint 中动作设置的鼠标经过效果，对同一位置设置两个热区，一个小一些，一个大一些，大的热区置于下方，因为进入小热区后再离开时必须要经过大热区，所以也就实现了离开小热区的操作效果。

下面通过一个认识照相机结构的实例，看一看热区交互如何来实现。

(1) 插入一张照相机图片，绘制两个不同大小的圆，其大小要与相机的指定部件大小相符，形态也可以按相机部件的形态进行绘制，如图 5-38 所示。

图 5-38　插入图片并绘制圆

注意： 一定要将小的热区置于大的热区上方，为了制作方便，可以填充不同的颜色以便于观察，如图 5-39 所示。

(2) 设置热区居中对齐，方法是：选中两个热区，执行"上下居中对齐"命令。设置好的透明效果如图 5-40 所示。

图 5-39　小热区放在大热区上方　　　　图 5-40　设置透明色并放于快门键上方

(3) 将幻灯片复制一份，用来提供提示信息，提示信息可以设置成以自动播放的自定义动画方式出现。

(4) 为小热区设置动作：鼠标经过时，链接到提示消息所在的幻灯片，如图 5-41 所示。如果不能确定自己所选择的是小热区还是大热区，可以使用 Tab 键切换选择对象。

(5) 为大热区设置鼠标经过时链接到原来位置，如图 5-42 所示。

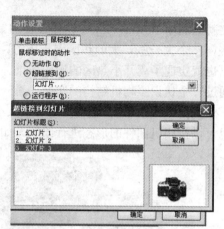

图 5-41　添加小热区超链接

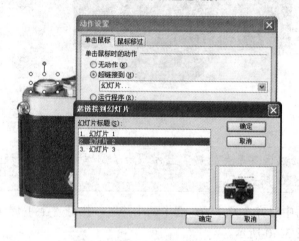

图 5-42　添加大热区超链接

(6) 利用这种方法，也可以实现图片大小状态之间的切换：鼠标经过小图时将链接到大图，然后在大图的下方，放置一个比大图稍大的热区，设置成鼠标经过时链接到小图。

5.4　宏的使用

宏是微软 Office 软件中提供的一个重要工具，实际上是可以自动执行任务的一项或一组操作，因此宏是一种程序(使用 VBA 语言)。利用宏可以实现批处理操作，可以完成 Office 中的任何操作，如自动新建文档、插入指定文档、设置对象格式等。

在 Office 2010 软件里，将当前操作步骤录制成一个宏，然后通过运行宏，就可以实现重复操作。PowerPoint 中的宏也是如此，也可以把它看成 VBA 的一种应用环境，通过宏来编写、管理 VBA 代码。

在 PowerPoint 功能区的"视图"选项卡中单击"宏"按钮，在打开的"宏"对话框中可以新建、编辑、删除宏，指定宏的作用范围，如图 5-43 所示。

图 5-43 "宏"对话框

使用宏控制小球在幻灯片上移动,步骤如下。

(1) 绘制一个小球和两个箭头,箭头是用来控制小球运动的,如图 5-44 所示。
(2) 新建宏名称,分别为 leftIt 和 rightIt,如图 5-45 所示。

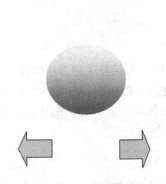

图 5-44 绘制图形

图 5-45 编辑宏

(3) 让小球每次向左移动一些距离,宏代码如下:

```
Public Sub leftIt ()
    Dim sp As Shape
    Set sp = PowerPoint.ActivePresentation.Slides(1).Shapes("my_circle")
sp.IncrementLeft -10
End Sub
```

让小球每次向右移动一些距离,宏代码如下:

```
Public Sub rightIt ()
    Dim sp As Shape
    Set sp = PowerPoint.ActivePresentation.Slides(1).Shapes("my_circle")
sp.IncrementRight 10
End Sub
```

(4) 指定宏运行的条件。如向左的箭头,指定向左运动的宏。指定条件是通过为对象添加动作来实现的,如图 5-46 所示。

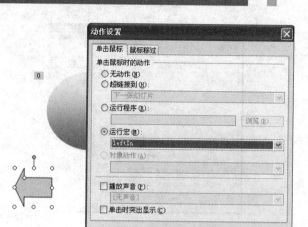

图 5-46 指定宏运行的条件

5.5 PowerPoint 中的 VBA 技术

5.5.1 VBA 基础知识

很多人认为 PowerPoint 做不出很好的人机交互效果,实际上这种看法是错误的,这是因为我们没有深入了解它。如之前介绍的案例,利用 PowerPoint 自身的自定义动画与触发器的确无法完成相应用户输入文字、随机出题、拖动物体等交互方式,但 PowerPoint 还有一个利器——VBA,利用 VBA 可以轻松实现这些交互设置。

1. 什么是 VBA

VBA 是微软在其开发的应用程序中共享的通用自动化语言。因为它是一种自动化语言,所以可以使常用的应用实现自动化,可以创建自定义的解决方案。VBA(Visual Basic for Application)是以 VB 语言为基础,经过修改并运行在 Microsoft Office 中的应用程序,它不能像 VB 一样生成可执行程序。

VBA 是 Microsoft Office 系列软件的内置编程语言,是应用程序开发语言 VB(Visual Basic)的子集。它功能强大,面向对象,可极大地增加 Office 系列软件的交互性。

2. 在哪里写 VBA

可以在功能区中切换到"开发工具"选项卡打开控件工具箱,如图 5-47 所示。

在这里有很多控件,如按钮、文本框、列表框、单选按钮等。选择一个控件,如按钮,然后就可以在幻灯片中拖动鼠标"画"出它们,如图 5-48 所示。

如果想更改它的外观,可以在按钮上右击,在弹出的快捷菜单中执行"属性"命令,然后在弹出的"属性"面板中进行设置,如图 5-49 所示。

双击绘制的对象就可以编写 VBA 了,如图 5-50 所示。

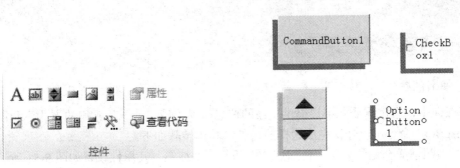

图 5-47 控件工具箱

图 5-48 控件按钮

图 5-49 控件属性设置

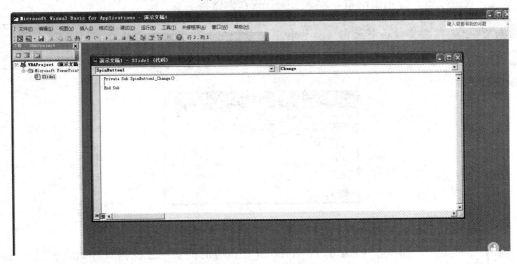

图 5-50 控件代码编辑窗口

以后在放映幻灯片时，单击命令按钮，就会执行上面输入的命令。

5.5.2 VBA 技术应用实例

1. 弹出信息

在课件中,常常需要向用户提供反馈的信息,弹出窗口是一种常用的方式,利用 VBA 中的 MsgBox()命令可以轻松完成这样的任务,具体步骤如下。

(1) 按照前面介绍的方法,在幻灯片中插入一个按钮,其属性设置如图 5-51 所示。

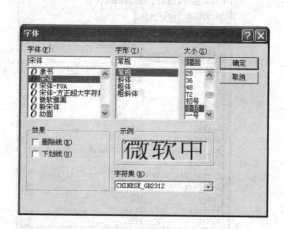

图 5-51 设置按钮属性

(2) 双击按钮,弹出编码框,输入 MsgBox ("你做得真棒!")。

注意:弹出的信息要放在引号内,引号和小括号使用的是英文半角符号,如图 5-52 所示。如果输入的是中文全角符号,则会出现运行错误。

图 5-52 编辑按钮代码

(3) 保存文件。使用了 VBA 的 PowerPoint 在保存时要启用宏的格式,如图 5-53 所示。

(4) 放映 PowerPoint。单击设置好的按钮,就会弹出如图 5-54 所示的提示框。

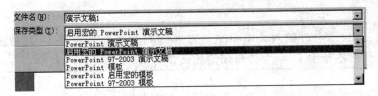

图 5-53　设置存储格式

图 5-54　单击按钮时的效果

2. 输入文本

利用控件工具箱中的文本框，可以让用户在放映幻灯片时输入内容，下面制作一个加法练习题。

(1) 制作文本框和按钮控件，如图 5-55 所示，制作好题目。

图 5-55　制作文本框和按钮

(2) 设置文本框和按钮的属性。右击文本框和按钮，在弹出快捷菜单中执行"属性"命令，对其进行设置，如图 5-56 所示。

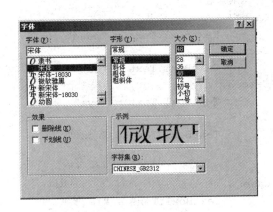

图 5-56　设置控件属性

(3) 双击"判断"按钮，在按钮的单击事件中输入以下代码：

```
If TextBox1.Text = 17 Then
    MsgBox ("做对了!")
Else
    MsgBox ("你再想一想!")
End If
```

注意：这里使用 IF 语句对输入文本框中的内容作判断，如果等于 17 则输出正确的反馈结果，如果不等于 17 就会输出错误的反馈结果。

这样，制作就完成了，单击"放映"按钮，在文本框中输入答案，若为 17，屏幕上将跳出"做对了！"的提示框；若输入答案不为 17，则跳出"你再想一想！"的提示框，如图 5-57 所示。

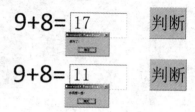

图 5-57　判断效果

3. 随机听写单词

如果你想实现在上面的加法练习的基础上随机出题的功能，可以参考本例中的随机听写单词的方法。如图 5-58 所示，首先插入所需按钮并对其属性进行相应的修改。

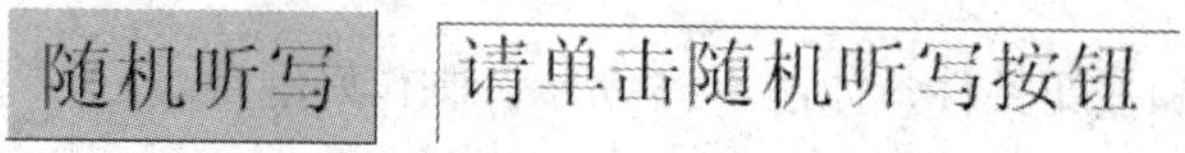

图 5-58　输入文本并创建按钮

注意：文本框中出现的默认值是通过修改 TextBox1 控件中的 Text 属性实现的。

双击按钮输入以下代码：

```
Dim a As Integer
a = Int((10 * Rnd) + 1)
Select Case a
    Case 1
        TextBox1.Text = "hand"
    Case 2
        TextBox1.Text = "ear"
    Case 3
        TextBox1.Text = "eye"
    Case 4
        TextBox1.Text = "nose"
    Case 5
        TextBox1.Text = "foot"
    Case 6
        TextBox1.Text = "leg"
    Case 7
        TextBox1.Text = "finger"
    Case 8
        TextBox1.Text = "nail"
    Case 9
        TextBox1.Text = "tooth"
    Case 10
        TextBox1.Text = "neck"
```

```
End Select
Beep
```

> **注意**：此处使用了 Select Case 的语句来实现多分支选择，如果分支较少，也可以使用前面介绍的 IF 语句。

实现随机出现单词的功能是使用 Rnd 函数生成一个 0 到 1 之间的随机数，a = Int((10 * Rnd) + 1)正好在 1 到 10 之间，这样就可以从中随机选择一个单词了。

利用这样的方法还可以制作随机点名等课件。

放映 PowerPoint，效果如图 5-59 所示。

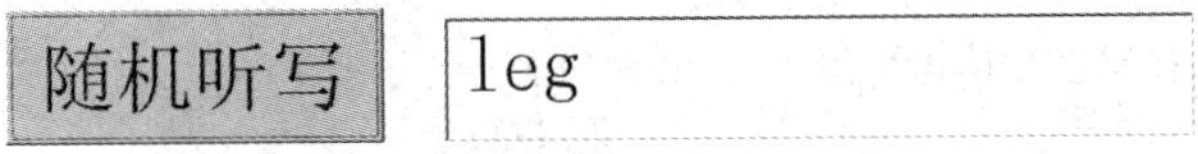

图 5-59 随机听写效果图

4. 单项选择题交互课件

下面介绍如何利用 VBA 技术制作单项选择题。其制作过程如下。

(1) 新建幻灯片文档。

(2) 创建题目文本框。在文本框中输入题目内容："奠定今天我国版图的朝代是："。

(3) 创建选项按钮。单击控件工具箱中的"选项按钮"控件，在幻灯片中的适当位置拖动鼠标创建第一个选项按钮。按照此方法再制作 3 个选项按钮，如图 5-60 所示。

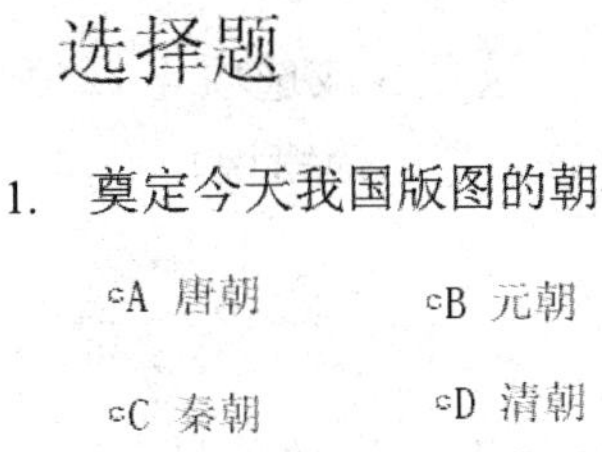

图 5-60 输入文本和创建按钮

(4) 设置选项按钮的属性，如表 5-1 所示。

表 5-1 按钮属性值

属性	按钮名称			
	OptionButton1	OptionButton2	OptionButton3	OptionButton4
Caption	A.唐朝	B.元朝	C.秦朝	D.清朝
Value	True	False	False	False

5. 编写 VBA 程序

这里的第一个选项 OptionButton1 是正确的，双击这个选项按钮，打开 VBA 代码编辑窗口，输入以下代码：

```
Private sub OptionButton1_click()
if OptionButton1.Value=True then
 ex=MsgBox("选择正确！恭喜你！ ",VbOKOnly)
End if
End sub
```

以上代码的功能是：当单击选项 1 时，因为这是正确的答案，屏幕上会显示"选择正确！恭喜你！"的提示框。

编写错误答案的 VBA 代码。分别双击 OptionButton2、OptionButton3、OptionButton4，打开 VBA 编辑窗口，输入以下代码：

```
Private sub OptionButton2_click()
if OptionButton2.Value=False then
 ex=MsgBox("选择错误！请再想想！ ",VbOKOnly)
End if
End sub
Private sub OptionButton3_click()
if OptionButton3.Value=False then
 ex=MsgBox("选择错误！请再想想！ ",VbOKOnly)
End if
End sub
Private sub OptionButton4_click()
if OptionButton4.Value=False then
 ex=MsgBox("选择错误！请再想想！ ",VbOKOnly)
End if
End sub
```

以上代码的功能是：当单击选项 2、选项 3 或选项 4 时，因为这是错误的答案，屏幕上会显示"选择错误！请再想想！"的提示框。

6. 播放幻灯片

代码编辑完毕，返回幻灯片编辑状态，播放幻灯片，单击选项按钮，看看效果，如图 5-61 所示。这种试题制作形式是"即显答案形式"，即当单击选项按钮时，立即显示答案是否正确。

图 5-61 选择题效果图

添加一个"命令按钮"，将属性 Caption 设置为"重新选择"。

双击按钮，打开 VBA 编辑代码窗口，输入以下代码：

```
Private sub CommandButton1_click()
OptionButton1.Value=False
OptionButton2.Value=False
OptionButton3.Value=False
OptionButton4.Value=False
End sub
```

以上代码的功能是：当单击"重新选择"按钮时，幻灯片 4 个选项的值重新设置为"假(False)"，即返回原先没有选中的状态，如图 5-62 所示。

选择题

1. 奠定今天我国版图的朝代是：

   ○A 唐朝　　○B 元朝

   ○C 秦朝　　○D 清朝

   重新选择

图 5-62　单击"重新选择"按钮效果图

5.6　回到工作场景

通过 5.2～5.5 节的学习，学生应学会在 PPT 中创建按钮、触发器和超链接，这些知识足够完成 5.1 节中的工作场景。

(1) 单击"插入"选项卡中的"形状"按钮，弹出下拉列表，向下拖动滑块，找到"动作按钮"选项，在"动作按钮"中找到并单击"声音"按钮，光标呈十字形时，按住鼠标左键，画出一个声音按钮图标，释放鼠标时弹出"动作设置"对话框。选中"无动作"单选按钮，取消选中"播放声音"复选框，单击"确定"按钮，如图 5-63 所示。

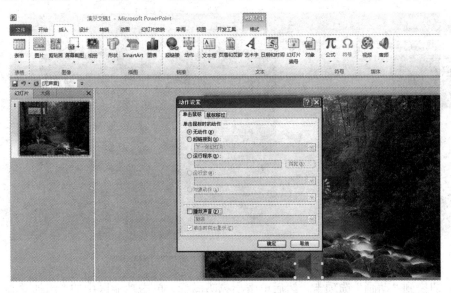

图 5-63　插入"形状"按钮

(2) 重复步骤(1)两次，画出第 2、第 3 个动作按钮图标，从左到右排列好，这 3 个动作按钮图标从左到右被系统自动命名为"声音 6""声音 7"和"声音 8"(隐藏)(有时可能是其他数字)，如图 5-64 所示。

图 5-64 插入 3 个"形状"按钮

(3) 单击"插入"选项卡下"文本框"中的"横排文本框"按钮,当光标呈十字形状时,按住鼠标左键,分别在这 3 个动作按钮下画出 3 个文本框,从左到右分别输入文字"播放""暂停"和"停止",如图 5-65 所示。

图 5-65 输入文本"播放""暂停""停止"

(4) 切换到"动画"选项卡,然后单击小喇叭图标,单击功能区中的"添加动画"按钮,在弹出的下拉菜单中的"媒体"选项组中单击"播放"按钮,如图 5-66 所示。

(5) 单击动画窗格中有鼠标图标的"红豆"文本框中的下拉按钮,在下拉菜单中选择"计时"命令,弹出"播放音频"对话框,单击"触发器"按钮,选中"单击下列对象时启动效果"单选按钮,在右侧的下拉列表框中选择"动作按钮:声音 6"选项,单击"确定"按钮,如图 5-67 所示。

第 5 章　PowerPoint 课件的交互设计

图 5-66　设置"播放"功能

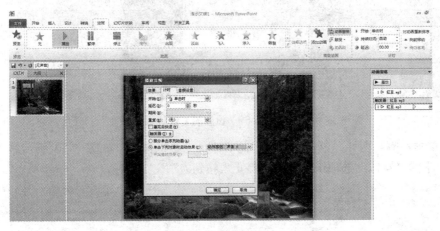

图 5-67　设置触发器

（6）单击小喇叭图标，然后单击功能区中的"添加动画"按钮，如图 5-68 所示。在弹出的下拉菜单中的"媒体"选项组中单击"暂停"按钮。

图 5-68　设置"暂停"功能

(7) 单击动画窗格中有鼠标图标的"红豆"文本框中的下拉按钮,在下拉菜单中选择"计时"命令,弹出"暂停音频"对话框,单击"触发器"按钮,选中"单击下列对象时启动效果"单选按钮,在右侧的下拉列表框中选择"动作按钮:声音7"选项,单击"确定"按钮,如图5-69所示。

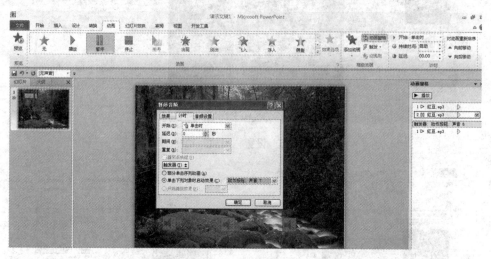

图5-69 设置触发器

(8) 单击小喇叭图标,单击功能区中的"添加动画"按钮,如图5-70所示。在弹出的下拉菜单中的"媒体"选项组中单击"停止"按钮。

图5-70 设置"停止"功能

(9) 单击任务窗格中有鼠标图标的"红豆"文本框中的下拉按钮,在下拉菜单中选择"计时"命令,弹出"效果选项"对话框,单击"触发器"按钮,选中"单击下列对象时启动效果"单选按钮,在右侧的下拉列表框中选择"动作按钮:声音8"选项,最后单击"确定"按钮,如图5-71所示。

经过以上步骤,"播放""暂停""停止"3个按钮设置完毕。

(10) 切换到"幻灯片放映"选项卡,单击"从头开始"按钮,放映幻灯片。

第 5 章　PowerPoint 课件的交互设计

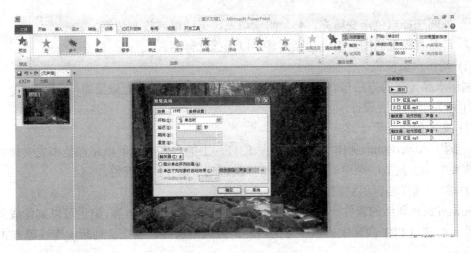

图 5-71　设置触发器

　　幻灯片放映时，单击"播放"按钮时即播放声音；单击"暂停"按钮时即暂停播放，再次单击"暂停"按钮，又播放声音；单击"停止"按钮时停止播放。用户也可以删除"播放"按钮，用"暂停"按钮代替暂停和播放。如果删除"播放"按钮，则要把"暂停"按钮的名称改成"播放/暂停"。

5.7　工作实训营

5.7.1　训练实例

1. 训练内容

(1) 创建一个 PPT，包含本章所介绍的按钮的相关知识点。

(2) 创建一个 PPT，包含本章所介绍的触发器的相应设计。

(3) 创建一个 PPT，包含 VBA 所介绍的功能设计。

2. 训练目的

熟练应用本章中介绍的超链接、动作设置、触发器和 VBA 知识点。

3. 训练过程

1) 按钮的相关设计

(1) 制作简易按钮的步骤如下。

① 在自选图形中选择椭圆，按住 Shift 键可绘出一个正圆。

② 按住 Shift+Ctrl 快捷键拖动正圆可得到一个相同的圆。

③ 设置后一个圆的比例，将其嵌套在前一个圆中。

④ 分别设置两圆的填充色。

⑤ 内圆选择双色渐变填充，方向可为水平或垂直，边框选择比填充色深一些的颜色。

⑥ 外圆选择双色渐变填充，45°斜向填充，无边框或浅灰边框。

⑦ 最后将得到的图形组合适当旋转，以增强立体感。

(2) 制作水晶按钮。

制作水晶按钮的方法与普通按钮相似，只要在其中添加反光效果即可。

2) 触发器的相关设计

(1) 文本的交互设计。

一般用 PowerPoint 制作的课件，每张幻灯片上的内容出现的顺序都是事先安排好的，如果需要中途变换放映顺序则很困难，这样就影响了课件的交互性。

(2) 制作选择题、填空题、判断题、连线题等。

PowerPoint 制作的课件一般用来在课堂上向学生展示教学内容，但也可以制作成练习型的课件，即通过 PPT 向学生提供练习的内容，可以是选择、填空、判断、连线等方式。

4. 技术要点

PPT 课件中的交互设计。

5.7.2　工作实践常见问题解析

【常见问题】 为什么我的 VBA 不能运行？设置的 VBA 代码完全正确，但在播放时却不能正常运行。

【答】 这是将宏安全性设置过高引起的。执行"宏"命令，打开"安全性"对话框，在"安全级"选项卡中选中"低"单选按钮，单击"确定"按钮返回，VBA 即可正常运行，如图 5-72 所示。

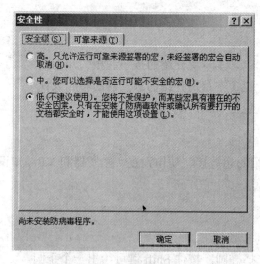

图 5-72　"安全性"对话框

5.8 习题

1. 利用图形叠放次序的不同,制作一个立体按钮,效果如图 5-73 所示。

图 5-73 按钮效果

注意: 在绘制过程中同样要用到 5.2 节所讲的制作方法,注意高光和反光手法的使用。

2. 利用 VBA 技术制作一个课堂随机点名系统,效果如图 5-74 所示。

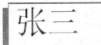

图 5-74 随机点名系统效果

要求:在系统中存储班级学生的姓名,单击"随机点名系统"按钮,文本框中随机显示学生姓名。

3. 用触发器、超链接、VBA 技术 3 种方法,制作如图 5-75 所示的选择题。

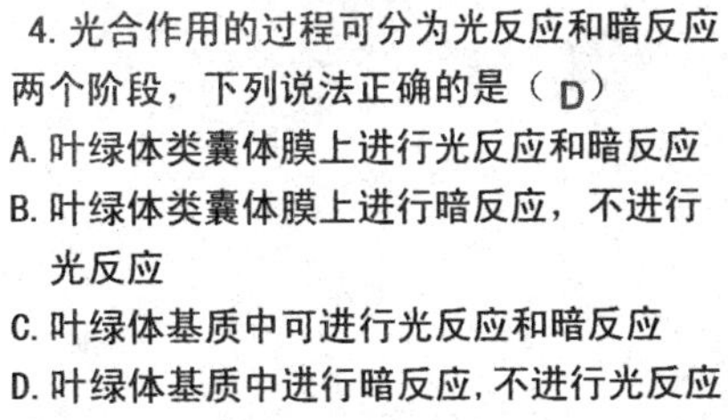

    4. 光合作用的过程可分为光反应和暗反应
两个阶段,下列说法正确的是(D)
  A. 叶绿体类囊体膜上进行光反应和暗反应
  B. 叶绿体类囊体膜上进行暗反应,不进行
     光反应
  C. 叶绿体基质中可进行光反应和暗反应
  D. 叶绿体基质中进行暗反应,不进行光反应

图 5-75 选择题

要求:单击正确答案,跳出"恭喜你,答对了!"的提示框;单击错误答案,跳出"不要灰心,你再想一想!"的提示框。

第 6 章

给 PowerPoint 课件添加动画及切换

- PowerPoint 中动画设置的基本操作
- PowerPoint 中动画技术的应用
- 幻灯片的切换

- 熟练掌握动画设置的基本操作方法
- 熟练掌握动画技术的运用
- 熟练掌握幻灯片的切换方法

动画具有视频的直观、形象、生动等特点，且比视频更具有灵活性，它摆脱了摄像机的限制，可以自动设计。在 PowerPoint 中利用系统提供的自定义动画可以组合成多种不同的动画效果。

动画可以突出重点、控制信息的流程，并提高演示文稿的趣味性。课件中的动画分两种形式：一种是画面与画面之间的切换关系，如淡进淡出、实进虚出等；另一种是画面内的形象元素根据需要进行移动，如多行文字的逐行显示等。

在教学课件中，物体的运动、事情的发展过程、事物之间的相互关系等都可以用动画来表达。用简化的模型动画，更能突出学习内容的关键特征，减少学习过程中的干扰因素。

另外，动画还有一种重要的作用：控制学习内容的显示速度与顺序。

在 PowerPoint 中，系统支持进入(38 种)、强调(24 种)、退出(38 种)和自定义路径(63 种)4 种类型的动画，共 163 小类，利用这些组合，可以实现多种形式的运动。

在 PowerPoint 中也可以使用自定义动画，使用外部的 SEF 动画，或者直接使用插入图片。

6.1 工作场景导入

【工作场景】

在 PPT 课件中为了更形象地演示效果，经常会用到各种动画和幻灯片的切换，如何进行动画设置成为 PPT 制作中的关键问题。例如，在图 6-1 中添加多种动画效果。

图 6-1　在 PPT 中添加动画

【引导问题】

(1) 如何设置动画？
(2) 设置动画有哪些技巧？
(3) 如何对幻灯片进行切换？

6.2 PowerPoint 2010 中处理动画的基本操作

6.2.1 设计动画

在 PowerPoint 中制作动画与其他软件有很大的不同,PowerPoint 中的动画都是预先设计好的,除了路径动画以外,其他物体如何运动都是由选择的动画方式决定的。

在这些设定好的动画中,能够改变的有动画运行的先后顺序与时间长短、提示音效,以及动画运行的条件。

利用动画窗格,可以非常方便地调整动画运行的次序,直接用鼠标拖动就可以移动这些动画排序,改变某一个对象运动时间的长短。在 PowerPoint 2010 中选择功能区中的"动画"选项卡,在"高级动画"组中单击"动画窗格"按钮,打开动画窗格,如图 6-2 所示。

通过动画高级日程(在动画窗格中右击,可以设置隐藏或显示),能够更为直观地调整动画运动时间的长短(直接用鼠标拖动调整在运动对象右方的颜色方块)。

双击动画窗格中的动画,可以对其效果进行设置。也可以在动画窗格中,选中具体的动画对象,进行与动画相关的各项设计,如图 6-3 所示。

图 6-2 动画窗格

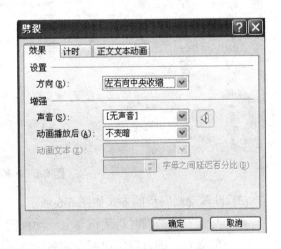
图 6-3 动画的相关设置

如果要为某一个对象添加动画效果,一般可以按以下步骤进行。

(1) 在幻灯片中选中对象,并指定动画类型。一个对象可添加一种或多种类型的动画,如图 6-4 所示。

对象共有 4 种类型:进入动画,设定对象出现方式;强调动画,设定对象变化方式;退出动画,设定对象消失方式;动作路径动画,设定动画运动方向,如图 6-5 所示。

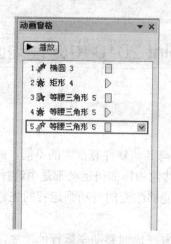

图 6-4 给对象设置一种或多种动画

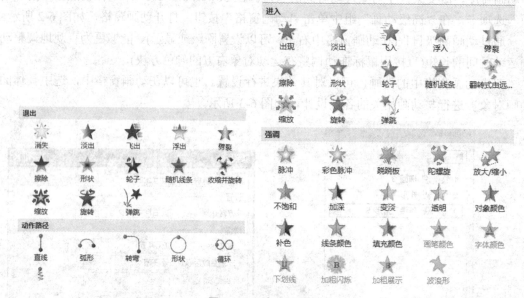

图 6-5 4 种动画类型

(2) 设置动画同步的方式如图 6-6 所示。

- 与上一动画同时：是指与上一动画同步，用于动画效果的叠加。即可以实现两个或多个动画同步开始。
- 单击时：是指只有在单击鼠标时，动画才会播放。
- 上一动画之后：是指在前一动画结束后，开始此动画。

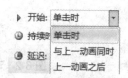

图 6-6 3 种同步方式

(3) 设置动画运行时间长短。可以利用动画高级日程设置，也可以在动画窗格中直接双击动画对象，进行时间设置。

(4) 设置动画的细节效果，如计时、音效等，如图 6-7 和图 6-8 所示。

第 6 章 给 PowerPoint 课件添加动画及切换

图 6-7 计时设置

图 6-8 音效设置

6.2.2 插入动画

在 PowerPoint 2010 中播放 Flash 动画的操作方法与播放视频类似，主要有以下 3 种方法。

1. 利用控件插入法

(1) 切换到功能区中"开发工具"选项卡中的"控件"组，如图 6-9 所示。

(2) 单击控件工具箱右下角的"其他控件"按钮，弹出"其他控件"对话框，在列表框中选择 Shockwave Flash Object 选项，如图 6-10 所示。然后在幻灯片窗口中绘制一个用于播放 Flash 动画的矩形区域，如图 6-11 所示。

图 6-9 "控件"组　　　　　　图 6-10 选择所需控件

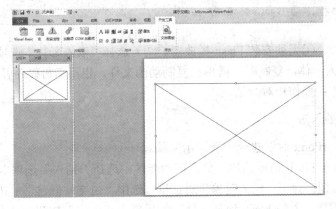

图 6-11 插入 Shockwave Flash Object 控件

(3) 在该区域中右击，在弹出的快捷菜单中执行"属性"命令，打开"属性"面板，如图 6-12 所示。

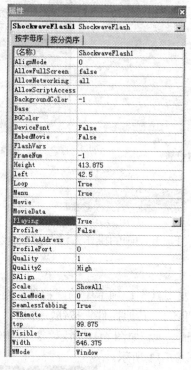

图 6-12 "属性"面板

(4) 在 Movie 属性框中输入 Flash 动画文件的绝对路径及文件名，如 E:\001.swf，然后将 EmbedMovie 属性值设置为 True。

(5) 关闭"属性"面板，Flash 就能在演示文稿中播放了。

> **注意：** 在填写影片的 URL 时需填写上文件的后缀名.swf。另外，选中"嵌入影片"，即可将 Flash 动画包含到 PPT 文件中，复制 PPT 的同时不需复制动画文件，当将该 PPT 复制或移动到其他计算机中使用时仍能正常显示 Flash。若未选中"嵌入影片"，则需将动画文件和 PPT 文件同时复制，并且修改影片的 URL 路径，否则在动画位置上将会出现白框，动画显示不正常。

该方法的优点：①无须安装 Flash 播放器。②若选择"嵌入影片"选项，则可将动画文件和 PPT 文件合为一体，复制时不需单独复制动画文件，也不需再做路径修改。

该方法的缺点：操作相对复杂。

2. 利用对象插入法

(1) 启动 PowerPoint 后创建一个新演示文稿。

(2) 在需要插入 Flash 动画的那一页，在功能区中选择"插入"选项卡，在"文本"组中单击"对象"按钮。弹出"插入对象"对话框，选中"由文件创建"单选按钮，单击"浏览"按钮，选择需要插入的 Flash 动画文件，然后单击"确定"按钮，如图 6-13 所示。

第6章 给 PowerPoint 课件添加动画及切换

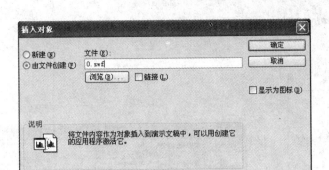

图 6-13 插入 Flash 动画文件

(3) 在刚插入 Flash 动画的图标上单击鼠标右键，弹出快捷菜单，执行"动作设置"命令，弹出"动作设置"对话框。选择"单击鼠标"或"鼠标移过"选项卡，在"对象动作"下拉列表框中选择"激活内容"选项，单击"确定"按钮，如图 6-14 所示。

图 6-14 "动作设置"对话框

切换到"幻灯片放映"选项卡，在"开始放映幻灯片"组中单击"从头开始"按钮，当光标移过该 Flash 对象时，就可以演示 Flash 动画了。

> **注意**：播放使用该方法插入 Flash 动画的 PPT 文件时，是启动 Flash 播放软件(Adobe Flash Player)来完成动画播放的，所以在计算机上必须有 Flash 播放器才能正常运行。

该方法的优点：动画文件和 PPT 文件合为一体，在 PPT 文件进行移动或复制时，不需同时移动或复制动画文件，也不需要更改路径。

该方法的缺点：播放时要求计算机里必须安装有 Flash 播放器。

3. 利用超链接插入 Flash 动画

(1) 启动 PowerPoint 后创建一个新的演示文稿。

(2) 在幻灯片页面上插入图片或文字用于编辑超链接。在本例中插入一个圆。

(3) 右击圆，在弹出的快捷菜单中执行"超链接"命令，弹出"插入超链接"对话框，输入 Flash 动画文件的地址，最后单击"确定"按钮，如图 6-15 所示。

图 6-15　添加超链接

(4) 保存文件。

这种方法的优点：操作简单。

这种方法的缺点：由于 PPT 和动画文件是链接关系，所以在 PPT 文件复制或移动过程中，必须同时复制和移动动画文件，并且更改链接路径。否则，将出现"无法打开指定文件"对话框。另外，在计算机中必须安装 Flash 播放器才能正常播放。

> **注意**：使用超链接插入的动画有 3 点需要注意。
> (1) 改变动画文件名称或存储位置会导致超链接无法打开指定的文件。解决方法是，在进行文件复制时，要连同动画文件一起复制，并重新编辑超链接。
> (2) 在 PPT 播放时，单击超链接，将会弹出如图 6-16 所示的警告对话框，通常做法是单击"确定"按钮。
> (3) 计算机上要安装有 Flash 播放器才能正常播放动画。

图 6-16　Office 中的警号对话框

6.3　PowerPoint 2010 中动画技术的应用

在制作课件时，为了直观地讲解概念，可以尝试在 PPT 课件中制作一些简单的动画。PPT 中的动画有以下特点。

(1) 动画对象多样化，PPT 中的文字、图形和图像等都可制作成动画效果。
(2) 动画动作模式化，动作模式基本被限制在 PPT 所规定的那些动画内。
(3) 动画制作方法简单，很容易学会并掌握。

下面我们一起来学习简单动画的制作方法。

6.3.1 动画设计的简单操作

1．进入动作的简单实例

打开幻灯片，单击"动画"选项卡中的"添加动画"按钮，在弹出的菜单中执行"更多进入效果"命令，弹出"添加进入效果"对话框，如图 6-17 所示。进入动画效果是课件制作中最常用的动画。

下面举例说明。

【例 6.1】 绘制两个三角形组成一个平行四边形，并添加飞入效果。

(1) 画一个三角形，再复制粘贴一个三角形，然后把两个三角形调整成一个平行四边形，如图 6-18 所示。

(2) 选中一个三角形，单击"动画"选项卡中的"添加动画"按钮，在弹出的菜单中执行"进入"→"飞入"命令，如图 6-19 所示。

(3) 单击动画窗格中的下拉按钮，在下拉列表框中选择所需的效果选项，打开"飞入"对话框。在"效果"和"计时"选项卡中分别将"方向"设置为"自左侧"，"开始"设置为"单击时"，如图 6-20 所示。

图 6-17 进入效果

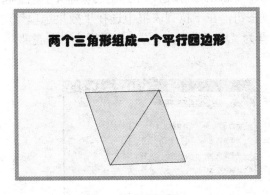

图 6-18 绘制图形

图 6-19 添加飞入动画

(4) 设置另一个三角形，添加"飞入"效果，根据上面的介绍将"开始"设置为"与上一动画同时"，"方向"设置为"自右侧"。

(5) 最后按 F5 键播放。

 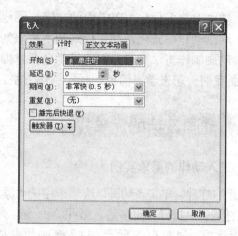

图 6-20 进行动画效果设置

【例 6.2】 文字进入效果。

(1) 在幻灯片中输入文字,并编辑格式,效果如图 6-21 所示。

图 6-21 输入文字

(2) 选中文本框,单击"动画"选项卡中的"添加动画"按钮,在弹出的菜单中执行"进入"→"飞入"命令,单击动画窗格中的下拉按钮,在下拉列表框中选择"效果选项"选项,在弹出的"飞入"对话框中将"开始"设置为"单击时","方向"设置为"自底部","期间"设置为"非常快",如图 6-22 所示。

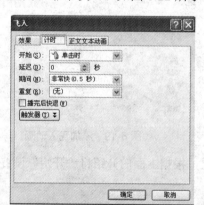 

图 6-22 设置文字效果

(3) 单击动画窗格中的下拉按钮，在下拉列表中选择"效果选项"选项，在弹出的"飞入"对话框中切换到"正文文本动画"选项卡，设置"组合文本"为"按第一级段落"，单击"确定"按钮，如图6-23所示。

图 6-23　设置正文文本动画

(4) 按F5键播放，单击一下鼠标，出一行字。如果希望单击一下鼠标，文字一行一行地连续进入，就把"计时"选项卡中的"开始"设置为"上一动画之后"。

进入的效果应用很多，在后面的实例中还会用到。

2. 强调效果

在用PPT课件讲课时，经常会遇到一些知识点需要强调，这就需要运用强调效果。

打开幻灯片，选中对象，单击"动画"选项卡中的"添加动画"按钮，在弹出的菜单中选择要强调的类型，或者选择"更多强调效果"选项，打开"添加强调效果"对话框，如图6-24所示。

图 6-24　"添加强调效果"对话框

【例6.3】　制作简单的图形线条动画提示——两个直角三角形组成一个长方形。

(1) 画出元件,即两个直角三角形和一个矩形,如图 6-25 所示。

(2) 设置动画,分别选中两个直角三角形,单击"动画"选项卡中的"添加动画"按钮,在弹出的菜单中执行"进入"→"飞入"命令,将自定义动画"开始"设置为"单击时","方向"设置为"自左侧",另一个设置为"自右侧",如图 6-26 所示。

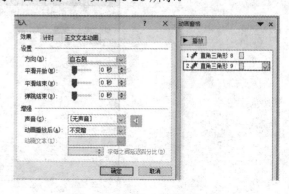

图 6-25 绘制图形　　　　　　　图 6-26 设置三角形动画

(3) 强调右边的三角形,单击"动画"选项卡中的"添加动画"按钮,在弹出的菜单中执行"更多强调效果"→"陀螺旋"命令,如图 6-27 所示。还可以对强调动画进行设置,在动画窗格中对象的下拉列表框中选择所需的效果选项,弹出"陀螺旋"对话框,在"数量"下拉列表框中输入"180°顺时针",将"开始"设置为"单击时",如图 6-28 所示。

图 6-27 添加强调动画

图 6-28 设置强调动画

第 6 章 给 PowerPoint 课件添加动画及切换

(4) 选中矩形，单击"动画"选项卡中的"添加动画"按钮，在弹出的菜单中执行"进入"→"出现"命令，将"开始"设置为"上一动画之后"。再次单击"添加动画"按钮，在弹出的菜单中执行"更多强调效果"→"线条颜色"命令，打开"线条颜色"对话框。在"效果"选项卡中将"线条颜色"设置为"褐色"，"开始"设置为"与上一动画同时"，如图 6-29 所示。

图 6-29　设置强调动画中的线条效果

(5) 全选幻灯片中的元件，激活"绘图工具"选项卡，单击"对齐"按钮，在弹出的下拉菜单中分别执行"左右居中"和"上下居中"命令，如图 6-30 所示，这样图就在居中位置显示了，效果如图 6-31 所示。

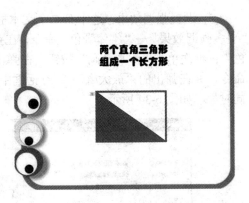

图 6-30　执行"左右居中"和"上下居中"命令　　　图 6-31　设置效果

(6) 制作完成后，按 F5 键播放。

【例 6.4】 制作文科课件中文字变色和放大缩小强调效果。

(1) 输入文字，注意是两个文本框，效果如图 6-32 所示。

(2) 设置动画。选中两个文本框，单击"动画"选项卡中的"添加动画"按钮，在弹出的菜单中执行"进入"→"飞入"命令，将"方向"设置为"自左侧"，但第二个文本框的"开始"设置为"上一动画之后"，如图 6-33 所示。

图 6-32 输入文字

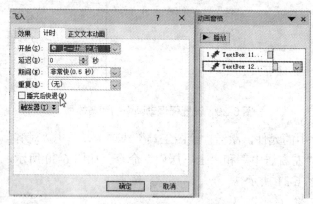

图 6-33 设置文本动画

(3) 设置强调效果。选中第二个文本框,单击"添加动画"按钮,在弹出的菜单中执行"更多强调效果"→"字体颜色"命令,在弹出的"字体颜色"对话框中设置字体颜色为"褐色";再次单击"添加动画"按钮,在弹出的菜单中执行"更多强调效果"→"放大/缩小"命令,并在弹出的"放大/缩小"对话框中进行相应设置,将"开始"设置为"与上一动画同时",如图 6-34 所示。

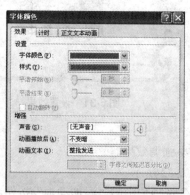 

图 6-34 设置强调效果

(4) 制作完成后,按 F5 键播放。

3. 退出动作

有时作课件，需要把一些元件退出幻灯片，再进入其他元件，这样的效果就用到了退出动画。打开幻灯片，单击"动画"选项卡中的"添加动画"按钮，弹出相应的菜单，选择所需的类型即可。若所需类型不在列表中，则选择"更多退出效果"选项，弹出"添加退出效果"对话框，如图 6-35 所示。

【例 6.5】 制作由两个等腰三角形组成的平行四边形。

（1）在幻灯片中画出一个等腰三角形，再复制粘贴一个等腰三角形，把其中一个三角形选中，激活"绘图工具"选项卡，在"格式"选项卡中单击"旋转"→"垂直翻转"按钮，如图 6-36 所示，合成一个平行四边形，效果如图 6-37 所示。

图 6-35 退出动画效果

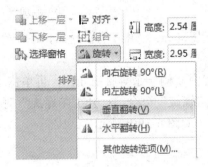

图 6-36 对图形进行垂直翻转

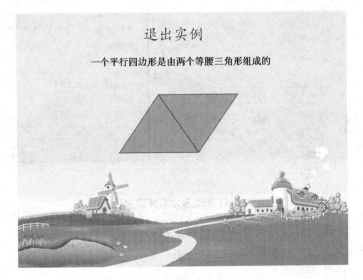

图 6-37 合成平行四边形

(2) 在幻灯片中再画一个平行四边形，选中平行四边形，拖动黄色菱形调节柄，使平行四边形和由两个三角形组成的四边形大小一样，如图 6-38 所示。

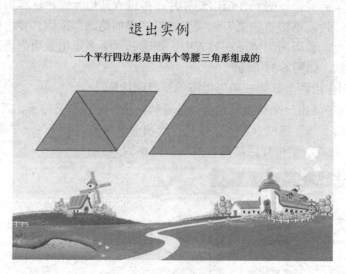

图 6-38　添加一个相同的平行四边形

(3) 设置动画。选中平行四边形，在"动画"选项卡中单击"淡出"按钮，如图 6-39(a)所示。

(4) 选中左侧一个等腰三角形，再单击"添加动画"按钮，在弹出的菜单中执行"强调"→"陀螺旋"命令，打开"陀螺旋"对话框。在"数量"下拉列表框中输入"180°顺时针"，如图 6-39(b)所示。

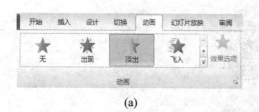
(a)

(b)

图 6-39　设置动画效果并添加强调项

(5) 整理位置，把平行四边形放到三角形上对齐，效果如图 6-40 所示。

(6) 制作完成后，按 F5 键播放。

【例 6.6】　验证连线是否正确。

(1) 在幻灯片上写出所需要的文字，并画出相应的连线，文本框设置为黑色边框，同时还要准备一个小图片,图片上面输入"重来"文字,如图6-41所示。

图 6-40　制作完成效果图　　　　　图 6-41　绘制相应文本及线条

(2) 设置动画。选中"灿烂的"所对应的连线,单击"动画"选项卡中的"添加动画"按钮,在弹出的菜单中执行"进入"→"擦除"命令,将"方向"设置为"自左侧",单击动画后面的下拉按钮,在下拉列表框中执行"计时"命令,弹出"擦除"对话框。切换到"计时"选项卡,单击"触发器"按钮,然后选中"单击下列对象时启动效果"单选按钮,在右侧的下拉列表框中选择"TextBox5:灿烂的"选项,单击"确定"按钮,如图6-42(a)所示。

(3) 其他连线设置操作都一样,注意方向和触发器要设置正确,设置效果如图 6-42(b)所示。

(4) 设置"重来"按钮。选中所有连线,单击"添加动画"按钮,在弹出菜单中执行"退出"→"擦除"命令,单击动画后面的下拉按钮,在下拉列表框中执行"计时"命令。在打开的"擦除"对话框中单击"触发器"按钮,选中"单击下列对象时启动效果"单选按钮,在右侧的下拉列表框中选择"重来"选项,单击"确定"按钮,效果如图6-42(c)所示。

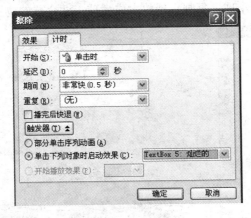

(a) 设置直线动画

图 6-42　各动画的设置

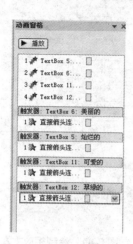
(b) 设置直线动画效果

(c) 设置"重来"动画效果

图 6-42 各动画的设置(续)

> **注意：** "重来"的触发器退出效果，一定要放在动画中的最下面，否则动画就乱了。

(5) 全部设置完毕后，按 F5 键播放。

4．动作路径

下面叙述最后一个动画效果——动作路径。打开幻灯片，选中要添加动画的对象，单击"动画"选项卡中的"添加动画"按钮，在弹出的菜单中选择所需的动作路径即可。若所包含的动作路径不在选项中，则执行"其他动作路径"命令，打开"添加动作路径"对话框，如图 6-43 所示。路径动画效果在课件制作中应用很广泛。

【例 6.7】 一个球围绕另一个球旋转。

(1) 画两个球。先画小球，复制小球放大成大球，两个球的位置如图 6-44 所示。

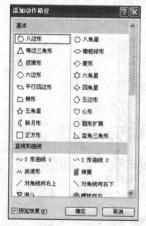

图 6-43 动作路径动画效果

图 6-44 绘制所需文本及图片

(2) 设置动画。选中大球，单击"动画"选项卡中的"添加动画"按钮，在弹出的菜单中执行"强调"→"陀螺旋"命令，打开"陀螺旋"对话框，在"计时"选项卡中将"开始"设置为"与上一动画同时"，"期间"设置为"慢速(3 秒)"，"重复"设置为"直到幻灯片末尾"，如图 6-45 所示。

图 6-45　设置大球的动画效果

(3) 选中小球，单击"添加动画"按钮，在弹出的菜单中执行"强调"→"陀螺旋"命令，打开"陀螺旋"对话框，将"计时"选项卡中的"重复"设置为"直到幻灯片末尾"。

(4) 继续对小球进行设置。单击"添加动画"按钮，在弹出菜单中执行"动作路径"→"其他动作路径"→"圆形扩展"命令，单击"确定"按钮，出现如图 6-46 所示的图形。

图 6-46　设置小球动画效果

(5) 选中圆形路径，绿色起点有个旋转调节柄，拖动旋转成水平，拉长路径如图 6-47 所示。

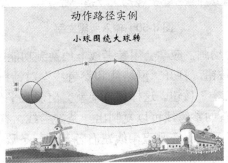

图 6-47　对路径进行修改

173

(6) 调整路径动画的属性。如图 6-48 所示，将"路径"设置为"解除锁定"。在"计时"选项卡中将"开始"设置为"与上一动画同时"，"期间"设置为"慢速(3 秒)"，"重复"设置为"直到幻灯片末尾"，如图 6-49 所示。

图 6-48　动画效果设置　　　　　　　图 6-49　"计时"选项卡设置

(7) 全部设置完毕后，按 F5 键播放。

【例 6.8】　"PPT 课件制作"文字路径动画。

(1) 输入所需要的文字，如图 6-50 所示。

图 6-50　输入所需文字

(2) 要设置准确的路径动画，应学会用参考线。切换到功能区中的"视图"选项卡，单击"显示"对话框启动器按钮，打开"网格线和参考线"对话框，选中"屏幕上显示绘图参考线"复选框，单击"确定"按钮。这样屏幕上就会出现水平和垂直的参考线，按住 Ctrl 键的同时，拖动水平或垂直的参考线可以复制出一条参考线。在水平中心线上下各复制一条与其距离为 3.20 cm 的水平线，在垂直中线左右各复制一条数值为 6.60 cm 的垂直线，这样就形成了定位，如图 6-51 所示。

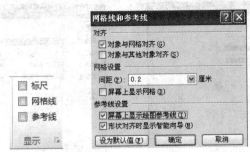

图 6-51 添加网格参考线

(3) 设置动画。选中 PPT 文本,对准中心网格参考线,单击"动画"选项卡中的"添加动画"按钮,在弹出的菜单中执行"其他动作路径"→"对角线向右下"命令,从中点向左上角拉出一条动作路径线,并将"开始"设置为"与上一动画同时"。再次单击"添加动画"按钮,在弹出的菜单中执行"强调"→"陀螺旋"命令,将"开始"设置为"与上一动画同时"。再次单击"添加动画"按钮,在弹出的菜单中执行"强调"→"字体颜色"命令,打开"字体颜色"对话框,将"字体颜色"设置为"红色","样式"设置为"五彩","重复"设置为"直到幻灯片末尾",单击"确定"按钮,如图 6-52 所示。

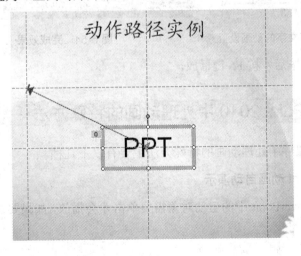

(a)

图 6-52 为 PPT 添加动画

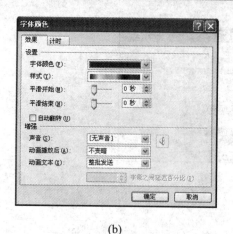

(b)   (c)

图 6-52   为 PPT 添加动画(续)

(4) "课""件""制""作"字的动画设置和 PPT 一样，可以复制 PPT 文本，然后修改成"课"，只需更改动作路径的方向，选中路径拖动中点到右上角即可。其他字的设置与此相同。最后复制修改"件"字时，把路径动画去掉，只保留强调的动画，并放在幻灯片的中间位置，所有文字的动画设置如图 6-53 所示，最终 PPT 效果如图 6-54 所示。

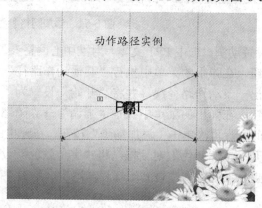

图 6-53   所有文字的动画设置   图 6-54   完成效果

(5) 全部设置完毕后，按 F5 键播放。

6.3.2   PowerPoint 2010 中处理动画的特殊方法

在 PowerPoint 课件中处理动画的特殊方法主要有以下几种。

1. 让 PowerPoint 动画自动演示

默认情况下，PowerPoint 中的运动对象需要单击才会播放，如果要连续播放动画该怎么做呢？

1) 设计思路

在 PowerPoint 中设置动画开始时间有 3 个选项："单击时""与上一动画同时"和"上一动画之后"。

如果想让动画自动播放，则只能采用后两种方式。

2) 应用技巧

幻灯片之间也可以实现连续播放，只需要把默认选项取消即可，如图 6-55 所示。

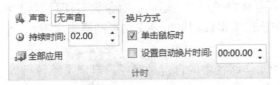

图 6-55　改变幻灯片切换方式

2. 模拟画圆

在 PowerPoint 中制作画圆动画比较简单，只要设置"进入"→"轮子"动画效果即可，但如果想精确显示半径和圆心，可以按照圆设置的位置，设置多个对象，让它们依次出现。

模拟画圆的具体步骤如下。

(1) 单击"插入"选项卡中的"形状"→"椭圆"按钮，画一个圆，注意画圆的同时按住 Shift 键可以画出一个正圆。

(2) 设置圆的格式，使其填充颜色为"白色"，边线为"红色"，如图 6-56 所示。

图 6-56　绘制圆

(3) 设置动画，选中圆，单击"动画"选项卡中的"添加动画"按钮，在弹出的菜单中执行"进入"→"轮子"命令，打开"轮子"对话框，切换到"效果"选项卡，在"辐射状"下拉列表框中选择"1 轮辐图案"，如图 6-57 所示。

图 6-57　添加轮子动画

(4) 放映效果如图 6-58 所示。

3. 模拟树叶飘落

PowerPoint 中的自定义路径可以为运动的对象设置任意运动方向。本案例中树叶的飘落效果可以利用自定义路径动画来实现。

1) 设计要点

选择的动画类型为动作路径中的自定义路径，自定义路径可以任意设置。

图 6-58　放映效果

为了增强树叶下落的逼真程度，可以增加"陀螺旋"动画，让树叶在下落过程中同时翻转。

可以将树叶移出幻灯片，从画面外进入。

自定义路径可以通过对路径上的箭头的移动进行修改。

2) 实现方法

(1) 插入一张树叶的图片，可以通过网络搜索获得，如图 6-59 所示。

图 6-59　插入树叶图片

(2) 对树叶进行动画设置。选择树叶，单击"添加动画"按钮，在弹出的菜单中执行"更多强调效果"→"陀螺旋"命令，并将"开始"设置为"与上一动画同时"，"期间"设置为"慢速"。再次单击"添加动画"按钮，在弹出的菜单中执行"动作路径"→"自定义路径"命令，绘制自己需要的下落曲线，并将"开始"设置为"与上一动画同时"，"期间"设置为"慢速"，设置后的最终效果如图 6-60 所示。

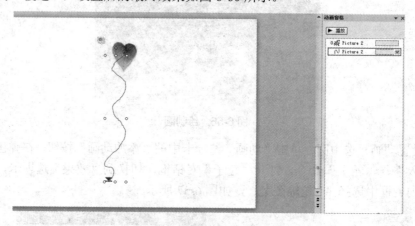

图 6-60　设置树叶动画效果

(3) 完成后即可放映观看，若觉得和树叶下落不太符合，还可以通过拖动路径来进行修改。

3) 应用拓展

此类动画可用于制作任意不规则方向的运动，如蝴蝶飞舞、雪花飘落等。

4. 钟摆运动

1) 设计思路

在 PowerPoint 中没有钟摆这种动画方式，但是有能够实现圆周运动的陀螺旋动画方式。

如果只让陀螺旋动画在很小的范围内运动，不就是钟摆运动了吗？

2) 实现方法

(1) 绘制钟摆运动对象，即一个线条和一个圆，并将其组合，如图 6-61 所示。

(2) 因为陀螺做的是以运动对象的中心点为圆心的圆周运动，所以还要将组合后的对象复制一份，并做垂直翻转，如图 6-62 所示。对齐对象后再次组合，并将另一半设置为透明色或把线条色彩与填充色彩设置为和幻灯片色彩一致，如图 6-63 所示。

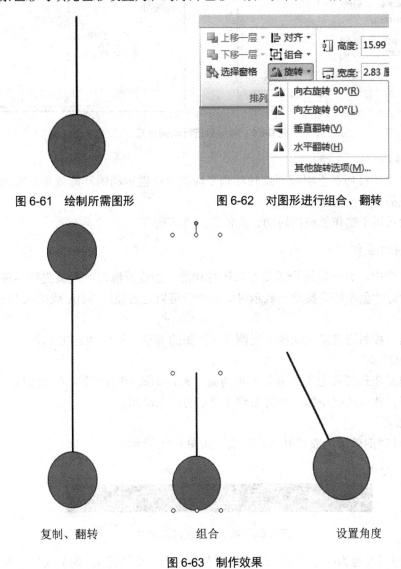

图 6-61　绘制所需图形　　　　图 6-62　对图形进行组合、翻转

复制、翻转　　　　　组合　　　　　设置角度

图 6-63　制作效果

(3) 将运动对象旋转一定的角度，为运动对象添加陀螺旋动画，并将角度设置成一定的度数，如图 6-63 所示。

选中"自动翻转"复选框，则动画运动到终点时，会自动以动画方式返回起点，而不是突然回到动画的起点。即"起始处→动画→终点处→动画→起始处"。如果没有选中此项，则效果为"起始处→动画→终点处→起始处"。

另外,在"计时"选项卡中,需要为动画设置一定的重复次数,如图 6-64 所示。

图 6-64　对组合进行动画设置

3) 应用技巧

此动画的设计技巧在于将圆周旋转动画变成类似单摆运动的动画效果,实现此效果的关键在于隐藏另外一半的运动对象。

此种运动可用于制作机械的转动、人体的关节运动等。

5. 倒计时动画

在课堂教学中,有一些场合需要使用计时功能,如设置练习时间或提醒演讲者讲解时间等。但在幻灯片里不能直接动态显示时间,一般可以通过使用 VBA 或插入 Flash 动画方式实现。

下面介绍一种利用自定义动画实现倒计时效果的方法,但这种方法无法自定义时间。

1) 设计思路

动画原理是在幻灯片上先放置好各种动画对象,如显示时间的文本框或按一定规则排列的计时图案,然后按顺序为这些对象设计退出与进入动画。

2) 实现过程

(1) 按设计时的效果,放置好动画对象,如图 6-65 所示。

图 6-65　绘制所需图形及文本

(2) 动画应当设置为红色的矩形从右边到左边一个一个地消失,时间文本框是出现以后再消失。

消失的动画可以统一执行"退出"→"擦除"命令,从左到右,时间为 1 秒,计时方式为"上一动画之后"。

文本动画执行"退出"→"消失"命令,计时方式为"与上一动画同时"。"时间到"提示文字使用出现动画,而不使用退出动画,如图 6-66 所示。

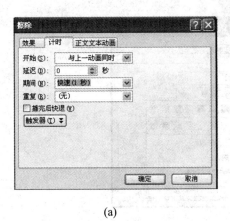 

(a)   (b)

图 6-66 动画设置

(3) 设置效果图如图 6-67 所示。

图 6-67 设置效果

3) 应用拓展

要在 PowerPoint 中插入显示时间、显示上课时间等功能，可以上网查找 Flash 动画，然后插入到 PowerPoint 母版里。

另外，还有一种利用动画延迟和播放后隐藏的方法制作倒计时动画，步骤如下。

(1) 设置数字动画，按照计时时间的长短输入数字。如输入 10 秒，则从 10 秒开始，第一个 "10 秒" 自定义动画设置为 "退出" → "消失"，计时方式为 "单击时"，这样单击鼠标时，它会消失，即意味着计时开始。后面的数字设置为 "进入" → "出现" 动画即可，这里关键是添加效果 "下次单击后隐藏"，实现完成动画后自动隐藏的效果，延时时间为 1 秒，还可以适当添加声音效果，如图 6-68 所示。

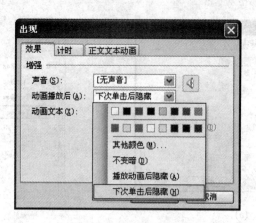

图 6-68 设置隐藏动画

(2) 复制数字 09 的动画,改变文本为 08、07、…直到其排列为 00,如图 6-69 所示。

(3) 将这些数字文本框选中,选择对齐方式为"水平居中""垂直居中",效果如图 6-70 所示。

图 6-69 设置动画效果

图 6-70 完成效果

6. 卷轴动画

使用卷轴呈现内容的表现形式比较新颖,能很好地吸引学生的注意力,如图 6-71 所示。

1) 设计要点

(1) 卷轴动画至少有 3 个对象:两个轴和一个展开的画面。设置卷轴动画,一定要注意对象的叠放次序,卷轴一定要放在展开对象的上方。

(2) 3 个对象为同步动画,两个轴均为直线运动,一个从左到右,一个从右到左。展示图片的动画采用的是:劈裂→中央向左右展开,如图 6-72 所示。

(3) 为了较好地控制时间和同步效果,可以取消移动"平滑开始"和"平滑结束"滑块,如图 6-73 所示。

图 6-71 卷轴动画效果

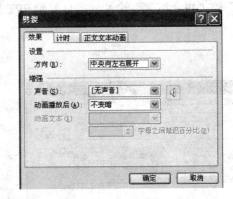

图 6-72 设置动画

(4) 动画播放的时间除了选择默认选项外，还可以输入任意时间值，注意要以秒为单位，如运行 2 秒，则输入 "2 秒"，如图 6-74 所示。

图 6-73 动画效果设置　　　　　　　图 6-74 动画计时设置

2) 应用拓展

上面设计的动画是自中央向左右两侧展开，也可以设置成自一侧展开，主要是调整上方的卷轴的运动方向，使之同步。

使用相同的方法，还可以模拟开门、舞台拉幕布等效果。

利用遮盖的方法，可以呈现卷轴关闭的效果，只是运动方向相反。

7．文字笔顺的制作

1) 设计思想

在汉字教学中，汉字的笔画书写顺序是一项重要任务。但在 PowerPoint 中文字对象是独立的，没有很好的方法分解，有一种思路是借助艺术字，将艺术字作为 Windows 的图元对象复制，然后将其缩小组合。这种方法有一种局限：对于有交叉笔画的汉字就无法完成。

转换一下思路：汉字笔画没有办法分解，那可以将它描出来吗？

2) 实现方法

(1) 在 PPT 课件中设置所需要的文字和对应的拼音，拼音可以先用 Word 格式中"中文版式"的"拼音指南"输入，再复制到 PPT 里，如图 6-75 所示。

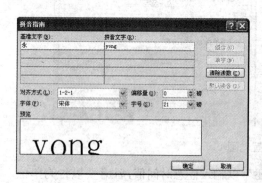
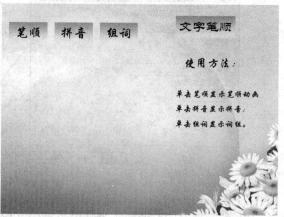

图 6-75　插入所需文本、拼音

(2) 设置文字动画。按住 Shift 键，画出一个正方形，单击"直线"按钮画出所有田字格线条，设置斜线条为虚线，输入文字(注意，文字颜色不要与矩形和线条的背景颜色一样)，效果如图 6-76 所示。

把田字格和文字全部选中，剪切，选择"编辑"→"选择性粘贴"命令，在弹出的"选择性粘贴"对话框中选中"粘贴"单选按钮，在旁边的列表框中选择"图片"选项，把对象变成图片。

> **技巧**：双击绘图工具栏中的"直线"按钮，可以连续画出 N 条线条，画完需要的线条后，再单击"直线"按钮，就可以正常编辑了。

将粘贴过来的图片设置为透明色，再选中文字，单击一下鼠标，这时产生的效果如同在一个板子上挖出来的格子字，如图 6-77 所示。

单击"插入"选项卡中的"形状"按钮，在下拉菜单中执行"线条"→"曲线"命令，把笔画一笔一笔地描出来，注意不要露出下面的颜色，还要注意遇到竖钩要描两笔，实现的效果如图 6-78 所示。

图 6-76　插入田字格和所需文字

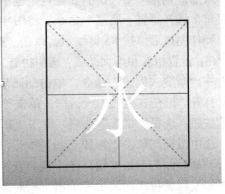
图 6-77　给字体设置透明色

图 6-78　描出字体

接下来就是一笔一笔做动画，单击"添加动画"按钮，在弹出的菜单中执行"进入"→"擦除"命令，注意方向和笔顺的先后顺序。并将"开始"设置为"上一动作之后"，动画窗格中图形的动画设置如图 6-79(a)所示。

单击所有动画后面的下拉按钮，在下拉列表框中执行"计时"命令，在打开的对话框中单击"触发器"按钮，选中"单击下列对象时启动效果"单选按钮，选择"笔顺"选项，单击"确定"按钮，动画窗格中图形的动画设置如图 6-79(b)所示。

(a)

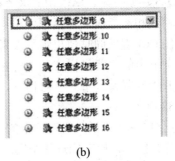
(b)

图 6-79　设置笔画动画

最后，也是一个关键的知识点，选中田字格，单击鼠标右键，弹出如图6-80所示的快捷菜单，选择"置于底层"命令，将田字格置于底层。

操作完成后，按F5键演示，单击"笔顺"按钮，就开始书写文字了。

(3) 设置拼音和组词动画。选中拼音，单击"添加动画"按钮，在弹出的菜单中执行"进入"→"渐变式缩放"命令，单击动画后面的下拉按钮，在下拉列表框中执行"计时"命令，打开"渐变式缩放"对话框。单击"触发器"按钮，选中"单击下列对象时启动效果"单选按钮，选择"拼音"选项，单击"确定"按钮。

选中组词，单击"添加动画"按钮，在弹出的菜单中执行"进入"→"擦除"命令，单击动画后面的下拉按钮，在下拉列表框中执行"计时"命令，打开"擦除"对话框。单击"触发器"按钮，选中"单击下列对象时启动效果"单选按钮，选择"组词"选项，单击"确定"按钮，动画窗格中图形的动画设置如图6-81所示。

图6-80 将田字格置于底层

图6-81 增加拼音和组词触发动画

设置完毕后，按F5键演示，单击"笔顺"按钮，就开始书写汉字；单击"拼音"按钮，显示拼音；单击"组词"按钮，显示词组。

8. 片头设计

片头设计的步骤如下。

(1) 首先设置好参考线。单击功能区"视图"选项卡中的"显示"对话框启动器按钮，在打开的"网格线和参考线"对话框中选中"屏幕上显示绘图参考线"复选框，单击"确定"按钮。按住Ctrl键的同时拉出水平参考线，上下两条，数值为6.20cm。在功能区中单击"设计"选项卡中的"背景样式"下拉按钮，在弹出的下拉菜单中，执行"设置背景格式"命令，打开"设置背景格式"对话框，设置"填充颜色"为黑色，单击"全部应用"按钮，如图6-82所示。

(2) 在功能区中单击"插入"选项卡的"图片"按钮，在弹出的"插入图片"对话框中找到需要的图片并插入，放在幻灯片中间，效果如图6-83所示。

(3) 画两个黑色矩形盖住整个编辑区，如图6-84所示。

第 6 章 给 PowerPoint 课件添加动画及切换

图 6-82 设置背景并添加网格线

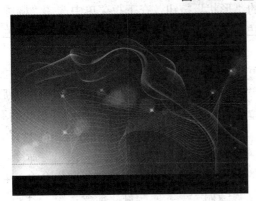

图 6-83 插入所需图片

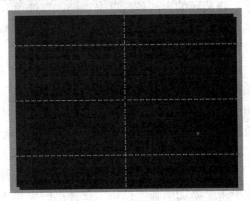

图 6-84 绘制两个矩形

(4) 单击"插入"选项卡中的"文本框"按钮，在弹出的下拉菜单中执行"横排文本框"命令，在文本框中输入"等待中……"，文字颜色设置为白色，文本框线条和填充颜色都设置为无颜色。再画一个圆环和一条白色线段,如图 6-85 所示。

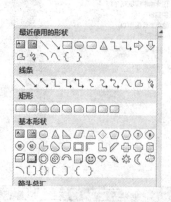

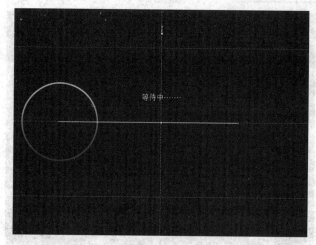

图 6-85　绘制文本及图形

画圆环的方法是:单击"插入"选项卡中的"形状"按钮,在下拉菜单中选择"椭圆"选项,按住 Shift 键在编辑区画同心圆,调节换色调节柄。设置圆环的填充效果为单色白色,颜色为"浅",渐变光圈从 20%到 80%。

(5) 分别对图形进行动画设置。选中"等待中……",单击"动画"选项卡中的"添加动画"按钮,在弹出的菜单中执行"进入"→"擦除"命令。单击动画窗格中对应图像后面的下拉按钮,在下拉列表框中执行"计时"命令,将"重复"设置为"3",将"开始"设置为"与上一动画同时","方向"设置为"自左侧","期间"设置为"快速(1 秒)",如图 6-86 所示。再单击"添加动画"按钮,在弹出菜单中执行"退出"→"淡出"命令。

选中圆,单击"添加动画"按钮,在弹出的菜单中执行"进入"→"出现"命令。再次单击"添加动画"按钮,在弹出的菜单中执行"强调"→"陀螺旋"命令,将"开始"设置为"与上一动画同时","期间"设置为"中速"。再单击"添加动画"按钮,在弹出的菜单中执行"动作路径"→"直线"命令,将"平滑开始"和"平滑结束"设置为 0秒,将"开始"设置为"与上一动画同时","期间"设置为"中速",如图 6-87 所示。

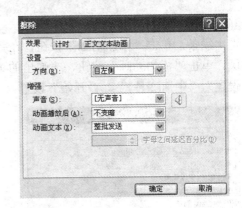

图 6-86　设置文本框动画

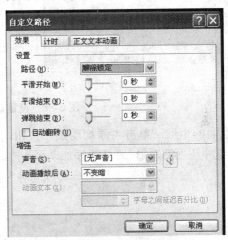

(a)　　　　　　　　　　　　　　(b)

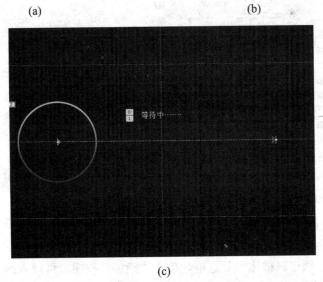

(c)

图 6-87　设置圆环动画

选中线条，单击"添加动画"按钮，在弹出的菜单中执行"进入"→"擦除"命令，并将"开始"设置为"与上一动画同时"，"方向"设置为"自左侧"，"期间"设置为

"中速(2 秒)",如图 6-88(a)所示。

选中线条,单击"添加动画"按钮,在弹出的菜单中执行"退出"→"消失"命令;选中圆,单击"添加动画"按钮,在弹出的菜单中执行"退出"→"淡出"命令,将"期间"设置为"中速(2 秒)","开始"设置为"上一动画之后",如图 6-88(b)所示。

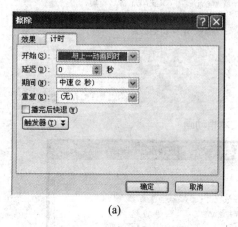 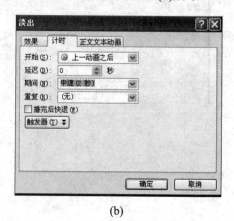

(a) (b)

图 6-88 设置直线动画

选中上面的矩形,单击"添加动画"按钮,在弹出的菜单中执行"动作路径"→"向上"命令;选中下面的矩形,单击"添加动画"按钮,在弹出的菜单中执行"动作路径"→"向下"命令,"开始"设置为"与上一动画同时",如图 6-89 所示。

 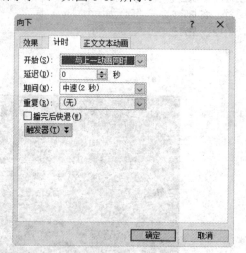

图 6-89 设置矩形动画

(6) 插入一个椭圆,设置为与上面相同的圆,单击鼠标右键,在弹出的快捷菜单中执行"设置形状格式"命令,在打开的"设置形状格式"对话框中将"缩放比例"的"高度"设置为 120%,选中"锁定纵横比"复选框,单击"确定"按钮。再插入两个圆,将"缩放比例"的"高度"设置为 120%,选中"锁定纵横比"复选框,单击"确定"按钮。选中 3 个同心圆,单击"格式"选项卡中的"对齐"按钮,在下拉菜单中执行"上下居中"和"右对齐"命令,输入相应文字,如图 6-90 所示。

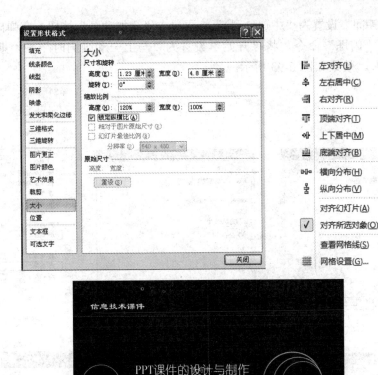

图 6-90 绘制新图形

(7) 设置后半部分的动画。选中 3 个同心圆,单击"动画"选项卡中的"添加动画"按钮,在弹出的菜单中执行"进入"→"飞入"命令,并将"开始"设置为"上一动画之后","方向"设置为"自右侧","期间"设置为"非常快(0.5 秒)"。选中从里往外数第二个圆,将"开始"设置为"与上一动画同时","延迟"设置为"1.5 秒"。选中 3 个同心圆,单击"添加动画"按钮,在弹出的菜单中执行"强调"→"陀螺旋"命令,将"开始"设置为"与上一动画同时","期间"设置为"中速(2 秒)",重复次数设为 2 次,第二个圆效果"数量"设置为"360°逆时针","开始"设置为"与上一动画同时",如图 6-91 所示。

(8) 选中"信息技术课件",添加文本"网址:*******",单击"添加动画"按钮,在弹出的菜单中执行"进入"→"淡出"命令,将"开始"设置为"与上一动画同时","期间"设置为"中速(2 秒)"。选中标题和副标题,单击"添加动画"按钮,在弹出的菜单中执行"进入"→"切入"命令,将"开始"设置为"上一动画之后","方向"设置为"自右侧",如图 6-92 所示。

(9) 在幻灯片中插入一个箭头,输入文字。选中箭头,然后单击"动画"选项卡中的"添加动画"按钮,在弹出的菜单中执行"进入"→"淡出"命令,将"开始"设置为"上一动画之后", "期间"设置为"中速(2 秒)"。再单击"添加动画"按钮,在弹出的菜单中执行"强调"→"闪烁"命令,将"开始"设置为"与上一动画同时","期间"设置为"中速(2 秒)",效果如图 6-93 所示。

图 6-91 设置新圆环动画

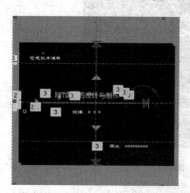 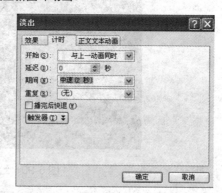

图 6-92 设置文本动画

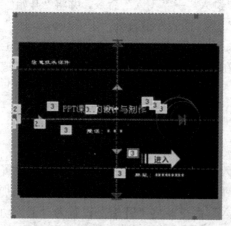

图 6-93 设置箭头动画

(10) 选中箭头,单击鼠标右键,在弹出的快捷菜单中执行"超链接"命令,选择需要链接到的本文档中的位置,在弹出的"插入超链接"对话框中选择"下一张幻灯片"选项,单击"确定"按钮,如图 6-94 所示。

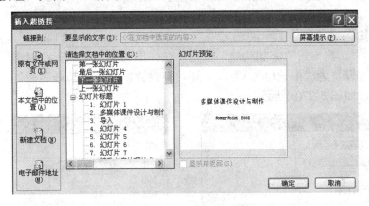

图 6-94　设置箭头超链接

(11) 嵌入片头音乐,单击"切换"选项卡中"声音"右侧的下拉按钮,执行"其他声音"命令,在打开的"添加音频"对话框中,找到下载的 WAV 格式的音乐,如图 6-95 所示。这样片头就做好了,按 F5 键放映。

图 6-95　插入音乐

9. 片尾设计

● 片尾设计的步骤如下。

(1) 单击"插入"选项卡中的"图片"按钮,找到所需要的图片并插入,画上下两个矩形盖住编辑区,输入相关文字,依次改好,如图 6-96 所示。

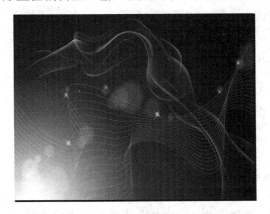

图 6-96　插入图片及文字

(2) 设置动画。选中上下矩形,单击"添加动画"按钮,在弹出的菜单中执行"进入"→"切入"命令。上面矩形,"开始"设置为"上一动画之后","方向"设置为"自顶部",

"期间"设置为"非常快(0.5 秒)",如图 6-97(a)所示;下面矩形,"开始"设置为"上一动画同时","方向"设置为"自底部","期间"设置为"非常快(0.5 秒)"。

选中第一行文字,单击"添加动画"按钮,在弹出的菜单中执行"进入"→"切入"命令,将"开始"设置为"上一动画之后","方向"设置为"自底部","期间"设置为"中速(2 秒)"。再单击"添加动画"按钮,在弹出的菜单中执行"退出"→"切出"命令,将"期间"设置为"中速(2 秒)","开始"设置为"上一动画之后","方向"设置为"到顶部",如图 6-97(b)所示。

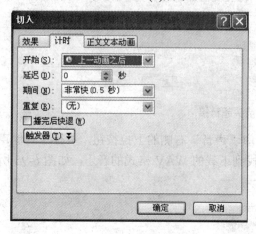 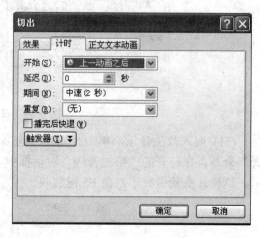

(a)   (b)

图 6-97 设置矩形及文字动画

选中第二、三行文字,单击"添加动画"按钮,在弹出的菜单中执行"进入"→"切入"命令,将"开始"设置为"与上一动画同时","方向"设置为"自底部","期间"设置为"中速(2 秒)"。再单击"添加动画"按钮,在弹出的菜单中执行"退出"→"切出"命令,将"期间"设置为"中速(2 秒)","开始"设置为"上一动画之后","方向"设置为"到顶部"。

选中最后一行文字,单击"添加动画"按钮,在弹出的菜单中执行"进入"→"切入"命令,将"开始"设置为"与上一动画同时","方向"设置为"自底部","期间"设置为"中速(2 秒)",完成的效果如图 6-98 所示。

(3) 选中全部文字,单击"格式"选项卡中的"对齐"按钮,从下拉菜单中执行"上下居中"和"左对齐"命令,使文字左对齐。

(4) 全部操作完成后,按 F5 键播放。

10. 正反翻书效果

在用 PPT 课件演示时,经常遇到要展示很多图片的情况,而展示的方法有很多种,翻书效果就是其中的一种,让我们一起来学习吧!制作翻书效果的操作步骤如下。

(1) 对 PPT 课件设置背景,输入所需文字,再单击功能区"插入"选项卡中的"形状"按钮,在下拉列表中依次选择"基本形状"→"折角形"选项。然后单击激活的"绘图工具"选项卡中的"旋转"按钮,在下拉菜单中执行"水平翻转"命令,折角形可以填充图片,如图 6-99 所示。

第 6 章　给 PowerPoint 课件添加动画及切换

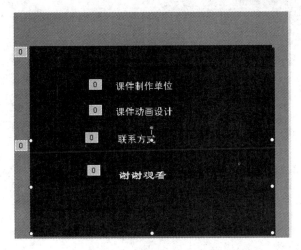

图 6-98　设置所有字体动画效果

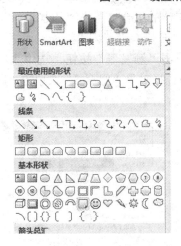

(a)

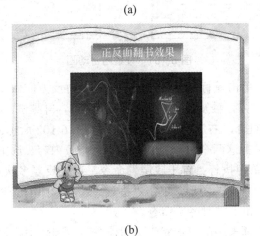

(b)

图 6-99　插入并设置所需的图片和文字

(2) 插入文本框,并在其中输入文字,然后把文字和相应页组合,实现的效果如图 6-100 所示。

图 6-100 将图片和文字进行组合

(3) 选中右边的组合，单击"添加动画"按钮，在弹出的菜单中执行"退出"→"切出"命令，将动画方向设置为"到左侧"。选中左边的组合，单击"添加动画"按钮，在弹出的菜单中执行"进入"→"飞入"命令，将"开始"设置为"上一动画之后"，"方向"设置为"自右侧"。选择"计时"选项卡，单击"触发器"按钮，选中"单击下列对象时启动效果"单选按钮，在右侧的下拉列表框中选择对象"组合 5"，单击"确定"按钮，具体操作如图 6-101 所示。

图 6-101 设置组合动画

(4) 播放测试一下，单击鼠标书就翻过去了。下面再反方向做一次动画，左边的组合先退出，然后右边的组合进入，触发器是左边的"组合 8"，再测试，就发现单击右边的组合，左边翻出，单击左边的组合，右边翻回，实现效果如图 6-102 所示。

(5) 剩下的操作就是把这两个组合复制粘贴后，修改内容。选中右边的组合，单击鼠标右键，在弹出的快捷菜单中执行"置于底层"命令，这样反复多次操作，如图 6-103 所示。

(6) 分别选定左侧和右侧的图形，单击"格式"选项卡中的"对齐"按钮，从弹出的菜单中执行"底端对齐"和"左对齐"命令。

(7) 单击"插入"选项卡中的"形状"按钮，在下拉列表中执行"基本形状"→"圆柱形"命令，画一个圆柱形，对圆柱形填充颜色。右击圆柱形，在弹出的快捷菜单中执行"置于底层"命令。完成操作后，按 F5 键播放，效果如图 6-104 所示。

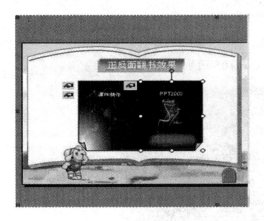
图 6-102 设置组合动画

图 6-103 复制组合动画

图 6-104 完成效果

11. 探照灯(遮罩)动画效果

探照灯效果是指有光照经过时会显示相应位置的内容,一般光照效果使用白色或其他颜色的圆形代替即可。但如何让圆形经过的时候就能显示相应位置原本"没有"的内容呢?

1) 设计要点

(1) 这个动画没有什么特别的地方,只是一个简单的路径动画。动画效果是通过对象的叠放次序来实现的。

(2) 将圆形置于文字和背景中间,这样,圆形经过的时候,就能显示文字。

(3) 在 PowerPoint 中设置对象叠放次序,可以直接利用右键菜单来完成。

2) 实现方法

(1) 将幻灯片的背景设置为"黑色",插入所需要的文字,文字的颜色同样设置为"黑色",这样就可以起到隐藏文字的效果。

(2) 绘制一个填充色为"白色"的圆,为了增加图形的效果,可以利用填充效果的渐变来实现。动画开始前,将圆置于幻灯片之外。

(3) 动画实现的关键在于:圆在文字之下,却在黑色的背景色之上,这样圆经过时,文字就可以显示出来。

(4) 为圆添加动画。单击"添加动画"按钮,在弹出的菜单中执行"动作路径"→"直线"命令,拖动箭头到需要的位置即可,如图 6-105 所示。

图 6-105　圆形动画设置

(5) 按 F5 键来观看一下效果,如图 6-106 所示。

图 6-106　探照灯动画效果

3) 应用拓展

也可以让圆形固定不动,而让文字运动,这样就形成了另一种动画效果。

12. 进度条动画效果制作

进度条动画在课件片头中应用广泛,可以模拟类似程序加载的过程。利用类似的效果,也可以制作事物发展进度的指示,虽然 PowerPoint 中的进度条并不能真实地反映程序加载进度,但是可以将其作为内容过渡的一种方式,也可以作为吸引学习者注意力的一种手段。

进度条动画一般由两部分组成:一部分是形状指示,可以是矩形,也可以是其他形状,如扇形、圆形或漏斗形等;另一部分是文字指示。

PowerPoint 中的文字指示动画原理是利用极短的时间通过"显示→擦除→显示"来实现。形状进度条也可以利用一个擦除动画或多个擦除动画实现进度指示。

进度条动画:红色的矩形动画方式是"进入"→"擦除",将"方向"设置为"自左侧",时间为 12 秒(0.3×20×2),时间设置是根据下方的文字指示显示次数,共 20 次,从 5%、10%、15%直到 100%,第一个文字指示延迟 0.3 秒显示,再延迟 0.3 秒消失。后续动画以 0.3 秒递增,或可以设置更短时间,以保证动画的连贯。

动画的困难和烦琐之处在于文字指示对象太多,有 20 个。因为每一个文字对象都需要设置两个动画,即"进入"→"擦除"和"退出"→"消失"动画,所以可以先完全设置好一个文字动画后再复制,然后更改文字内容和动画延迟时间,设置后的 PPT 如图 6-107 所示。

第 6 章　给 PowerPoint 课件添加动画及切换

图 6-107　进度动画设置

文字动画的对象可以利用"对齐"命令进行设置，以保证文字对象完全重合叠加在一起，使动画不出现移动和跳跃。

为了更精细地控制进度指示，可以将多个进度条组合在一起。

进度条的指示也可以由多个小的对象拼合而成，出现的方式也可以有一定变化。

 ## 6.4　幻灯片的切换

6.4.1　使用预置的幻灯片切换动画

PowerPoint 2010 中共提供了 34 种内置的幻灯片切换动画，在"切换"选项卡的"切换到此幻灯片"组中可以打开如图 6-108 所示的幻灯片切换动画列表，其中列出了可供选择的所有幻灯片的切换效果。

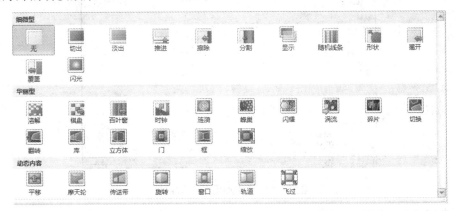

图 6-108　幻灯片切换动画列表

从图 6-108 中可以看出，所有切换动画被分成 3 类：细微型、华丽型和动态内容。选择要设置切换动画的幻灯片，然后单击切换动画列表中的切换动画，即可为当前幻灯片设置动画效果，这样在放映状态下从这张幻灯片切换到下一张幻灯片时，就会播放指定的切换动画。

图 6-109 为"平滑"切换动画选项。

如果在以后需要查看已设置的幻灯片中的切换效果，那么可以单击"切换"选项卡中的"预览"按钮。当为幻灯片设置切换动画或为幻灯片中的对象设置动画效果后，在 PowerPoint 窗口左侧的幻灯片列表中的幻灯片左侧会显示☆标记，单击该标记可以预览动画效果。

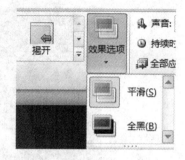

图 6-109 "平滑"切换动画的选项设置

6.4.2 自定义幻灯片切换效果

1. 设置幻灯片的切换声音效果

当切换幻灯片时如果能够配合一些声音效果，那么切换效果会达到最佳水平。默认选择的切换动画是不带音效的，但用户可以手动为幻灯片添加声音效果。PowerPoint 预置了很多可用于在幻灯片切换时播放的声音，单击"切换"选项卡中"声音"右侧的下拉按钮，弹出如图 6-110 所示的声音列表，其中列出了很多声音效果，用户可以从中选择。

如果用户对列表中的声音效果不满意，那么可以选择"其他声音"命令，打开如图 6-111 所示的"添加音频"对话框，可以导航到保存了声音文件的文件夹，然后选择声音文件并将其作为幻灯片切换的声音效果。

图 6-110 声音效果

图 6-111 "添加音频"对话框

2. 设置幻灯片切换的速度

幻灯片切换效果不同，其持续时间也不一样。如选择名为"百叶窗"的切换动画，其播放时间为 1.6 秒，而选择名为"切出"的动画效果，其播放时间只有 0.1 秒。用户可以根据需要灵活调整幻灯片切换动画的播放时间。

选择要设置切换动画播放速度的幻灯片,然后单击"切换"选项卡"计时"组中"持续时间"右侧的微调按钮进行调整,或者在文本框中输入一个值,如图 6-112 所示。

图 6-112 设置幻灯片切换动画的间隔时间

3. 设置幻灯片切换的方式

默认情况下,在播放演示文稿时,两张幻灯片之间的切换需要由用户单击鼠标左键或按 Enter 键来完成。如果幻灯片能以指定的时间间隔切换,将会方便很多。选择要设置为自动切换的幻灯片,然后选择功能区中的"切换"选项卡,在"计时"组中可以改变幻灯片的切换方式,如图 6-113 所示。

4. 为所有幻灯片设置切换效果

如果让所有的幻灯片都具有相同的切换效果,可以先设置任意一张幻灯片的切换动画,然后选择功能区中的"切换"选项卡,在"计时"组中单击"全部应用"按钮,如图 6-114 所示。这样将以当期幻灯片的切换动画为准,自动对其他幻灯片设置相同的切换动画。

图 6-113 设置幻灯片的切换方式

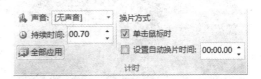

图 6-114 设置所有幻灯片的切换效果

6.5 回到工作场景

通过 6.2~6.4 节的学习,学生应学会在 PPT 中进行相应动画设置以及幻灯片的转换,这些知识足够完成 6.1 节中的工作场景。

(1) 设置进入动画。动画是演示文稿的精华,在动画中尤其以"进入"动画最为常用。下面以设置"渐变式缩放"的进入动画为例,看看具体的设置过程。

选中对象,直接单击"动画"选项卡"动画"组中的"添加动画"按钮,或者选中对象后单击"添加动画"按钮,选择"更多进入效果"命令,打开"添加进入效果"对话框,选择要添加的动画效果,如图 6-115 所示。

(2) 设置强调动画。所谓强调动画,就是在放映过程中引起观众注意的一类动画,设置方法与"进入"动画类似。

选中对象,直接单击"动画"选项卡"动画"组中的"添加动画"按钮,在下拉菜单中有很多强调效果,用户可以根据需要进行选择。或者选择"更多强调效果"命令,会出现更多的强调效果,如图 6-116 所示。

图 6-115　设置幻灯片的进入动画

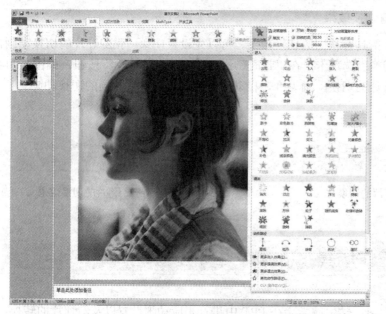

图 6-116　设置幻灯片的强调动画

(3) 自定义动画路径。如果对 PowerPoint 演示文稿中内置的动画路径不满意，可以自定义动画路径。

选中对象，直接单击"动画"选项卡中的"添加动画"按钮，在下拉菜单中有很多自定义动画路径，用户可以根据需要进行选择。或者选择"其他动作路径"命令，会出现更多的动作路径选项，如图 6-117 所示。

(4) 设置退出动画。既然有进入动画，对应就有退出动画，即动画放映结束后对象如何退出。

选中对象，直接单击"动画"选项卡中的"添加动画"按钮，在下拉菜单中有很多退出效果，用户可以根据需要进行选择。或者选择"更多退出效果"命令，会出现更多的动作退出选项，如图 6-118 所示。

图 6-117 设置幻灯片的自定义动画路径

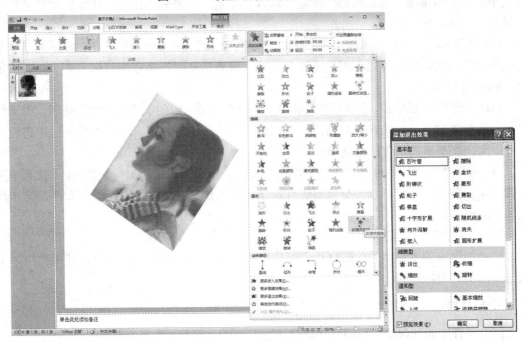

图 6-118 设置幻灯片的退出效果

(5) 调整动画顺序。在 PowerPoint 演示文稿中设置好动画后，如果发现播放的顺序不理想，该怎样快速调整呢？下面，我们以将第三个动画方案调整到第二个顺序播放为例，看看具体的操作过程。选中需要调整的对象，单击鼠标右键，在随后出现的快捷菜单中选择"自定义动画"命令，展开"自定义动画"任务窗格，选中第三个动画方案，按住鼠标左键，将其拖动到第二个动画方案上方，释放鼠标即可。

6.6 工作实训营

6.6.1 训练实例

1. 训练内容

(1) 创建一个 PPT，包含本章所介绍的创建动画的相关知识点。
(2) 创建一个 PPT，包含本章所介绍的幻灯片切换的相应设计。

2. 训练目的

熟练应用本章介绍的各种动画的制作和幻灯片的切换技巧。

3. 训练过程

1) 创建动画的相关知识

(1) 进入动画。选中对象，单击"动画"选项卡"动画"组中的"添加动画"按钮，或者选中对象然后单击"添加动画"按钮，选择"更多进入效果"命令，在弹出的对话框中选择要添加的动画效果。

(2) 强调动画。选中对象，单击"动画"选项卡中的"添加动画"按钮，在下拉菜单中有很多强调效果，用户可以根据需要进行选择。或者选择"更多强调效果"命令，会出现更多的强调效果。

(3) 自定义动画路径。选中对象，单击"动画"选项卡中的"添加动画"按钮，在下拉菜单中有很多自定义动画路径，用户可以根据需要进行选择。或者选择"其他动作路径"命令，会出现更多的动作路径选项。

(4) 退出动画。选中对象，单击"动画"选项卡中的"添加动画"按钮，在下拉菜单中有很多退出效果，用户可以根据需要进行选择。或者选择"更多退出效果"命令，会出现更多的动作退出选项。

2) 幻灯片切换的相关知识

在功能区中的"切换到此幻灯片"组中可以打开幻灯片切换动画列表，其中列出了可供选择的所有幻灯片的切换效果。

4. 技术要点

PPT 课件中的动画设计和幻灯片的切换。

6.6.2 工作实践常见问题解析

【常见问题 1】PowerPoint 2010 中怎样同时添加两个动画效果？

【答】自定义动画中，如你想把动作 1 和动作 2 同时进行，就将两个动作临近放着(如将动作 1 放在动作 2 之上)，单击下边一个动作(即动作 2)的下拉按钮打开菜单，从中选择"从上一项开始"选项(见图 6-119)即可。

【常见问题 2】如果 A 是一个已经设置了动画效果的对象，现在要让 B 也拥有 A 的动画效果，如何设置？

【答】

(1) 单击 A。

(2) 切换到"动画"选项卡，再单击"高级动画"组中的"动画刷"按钮，如图 6-120 所示。或按快捷键 Alt+Shift+C。此时如果把鼠标指针移入幻灯片中，指针图案的右边将多一个刷子的图案 。

(3) 将鼠标指针指向 B，并单击 B。

(4) B 将会拥有 A 的动画效果，同时鼠标指针右边的刷子图案会消失。

图 6-119　添加两个动画效果

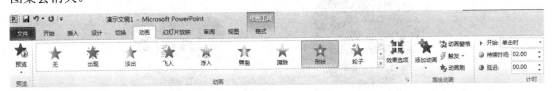

图 6-120　单击"动画刷"按钮

【常见问题 3】如果 A 是一个已经设置了动画效果的对象，现在要让 B、C、D 都拥有 A 的动画效果，如何设置？

【答】

(1) 单击 A。

(2) 切换到"动画"选项卡，再双击"动画刷"按钮。此时如果把鼠标指针移入幻灯片中，指针图案的右边将多一个刷子的图案。

(3) 将鼠标指针指向 B，并单击 B。

(4) B 将会拥有 A 的动画效果，鼠标指针右边的刷子图案不会消失。

(5) 对 C、D 重复步骤(3)和步骤(4)。

(6) 单击"动画刷"按钮，鼠标指针右边的刷子图案消失。

"动画刷"工具还可以在不同幻灯片或 PowerPoint 文档之间复制动画效果。当鼠标指针右边出现刷子图案时可以切换幻灯片或 PowerPoint 文档，以将动画效果复制到其他幻灯片或 PowerPoint 文档上。

 ## 6.7　习题

1. 制作一个钟面动画，具体要求如下。

(1) 利用自绘图形，制作一个钟面，如图 6-121 所示。

(2) 分别对时针、分针设定动画，实现分针转动一圈，时针转动一格的功能(提示可以用"强调"中的"陀螺旋"动画效果)，效果如图 6-122 所示。

2. 制作一个"心跳动画",具体要求如下。
(1) 利用自绘图形和插入文本框,完成图 6-123 的制作。

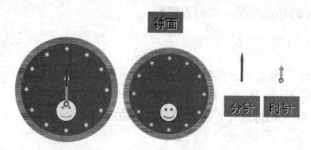

图 6-121 绘制钟面

图 6-122 时钟效果图　　　　图 6-123 绘制爱心

(2) 对爱心进行动画设置,使其具有跳动效果,如图 6-124 所示(提示:使用放大/缩小效果)。

图 6-124 "心跳"动画效果

3. 制作"用笔写字"动画,具体要求如下。
(1) 利用自绘图形,画出一支笔的形状,如图 6-125 所示。
(2) 对笔进行动作设置,使其能够写出一个"心"字(这里的写字方法与前面案例中的不同,可采用"擦除"效果和"自定义路径"效果。此外,"心"字也应该提前绘制),由于此动画比较复杂,下面给出其动画设置,如图 6-126 所示。

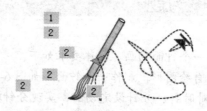

图 6-125 绘制一支笔　　　　图 6-126 写字动画设置

(3) 写字动画效果如图 6-127 所示。

图 6-127 写字动画效果

4. 制作一个台球碰撞效果动画，具体要求如下。
(1) 利用自绘图形，画出如图 6-128 所示的图形。

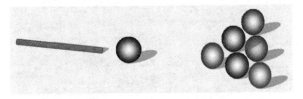

图 6-128 台球碰撞图形

(2) 对球杆和球设置动画，实现台球碰撞效果，如图 6-129 所示。

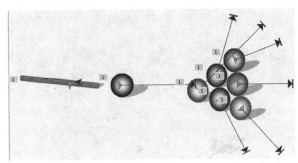

图 6-129 台球碰撞动画

5. 制作一个钢球的对心碰撞动画，具体要求如下。
(1) 利用自绘图形，画出如图 6-130 所示的图形。

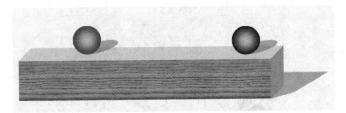

图 6-130 钢球对心碰撞图形

(2) 对球设置动画，实现钢球对心碰撞效果，如图 6-131 所示。

图 6-131　钢球对心碰撞动画

第 7 章

PowerPoint 课件的放映、输出与打印

- 幻灯片放映的基本操作
- 幻灯片放映中的技巧
- 幻灯片的打印

- 熟练掌握幻灯片放映的基本操作
- 掌握幻灯片放映中的技巧
- 熟练掌握幻灯片的打印方法

演示文稿制作完成后,最终要向观众播放。演示文稿的成功与否,观众最有发言权。因此掌握演示文稿的播放与演示技术,是学习 PowerPoint 2010 的重要环节。本章主要介绍 PowerPoint 课件的播放和演示技术。

7.1 工作场景导入

【工作场景】

根据前六章的学习,我们可以创建自己所需的幻灯片了。创建完幻灯片后我们需要对幻灯片进行放映或者打印,那么如何进行放映和打印呢?若我们想反复播放幻灯片又该如何设置?如图 7-1 所示的幻灯片,按要求进行放映,并反复播放所需幻灯片。

图 7-1 放映幻灯片

【引导问题】

(1) 如何放映幻灯片并重复播放?
(2) 如何打印幻灯片?

7.2 放映 PowerPoint 课件

课件的通用性与教学的个性是一种矛盾。从课件设计与制作的角度来说,当然是追求课件能适合不同的教师使用,能体现出教学资源的共享,减少设计与开发课件的工作量。

但课件的应用效果并不仅仅取决于课件制作的水平与质量,很多时候,应用课件的教师,或者说教师应用课件的方法和方式才是决定课件应用的关键因素。

7.2.1 幻灯片放映的基本操作

1. 预设演示文稿的放映方式

可以通过"设置放映方式"以及"自定义放映"对话框来预设演示文稿的放映方式。

1) 设置放映方式

设置放映方式的具体操作步骤如下。

(1) 打开演示文稿后，单击"幻灯片放映"选项卡中的"设置幻灯片放映"按钮。

(2) 打开"设置放映方式"对话框(见图 7-2)，在这里可供设置的放映类型有 3 种："演讲者放映(全屏幕)""观众自行浏览(窗口)"和"在展台浏览(全屏幕)"。同时可设置放映时是否循环放映，是否加旁白或是否加动画，在观众自行浏览时是否显示状态栏等。

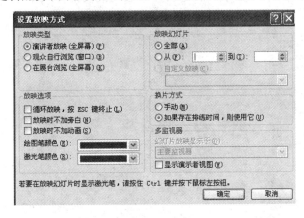

图 7-2 "设置放映方式"对话框

(3) 幻灯片的播放范围默认为"全部"，也可指定为连续的一组幻灯片，或者某个自定义放映中指定的幻灯片。

(4) 换片方式可以设定为"手动"，或者使用排练时间自动换片。

2) 自定义放映

自定义放映的具体操作步骤如下。

(1) 单击"幻灯片放映"选项卡中的"自定义幻灯片放映"按钮，打开"自定义放映"对话框，如图 7-3 所示。

(2) 单击"新建"按钮，打开"定义自定义放映"对话框，如图 7-4 所示。

图 7-3 "自定义放映"对话框

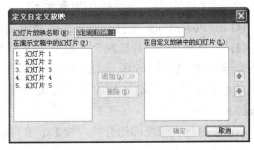

图 7-4 "定义自定义放映"对话框

(3) 在"在演示文稿中的幻灯片"列表框中选择需要放映的幻灯片,单击"添加"按钮,将其放入"在自定义放映中的幻灯片"列表框中。

(4) 单击"确定"按钮即可。

2. 设置幻灯片的放映效果

1) 幻灯片的切换

幻灯片的切换是指在播放演示文稿时,一张幻灯片的移入和移出的方式,也称为片间动画。在设置幻灯片的切换方式时,最好是在"幻灯片浏览"视图下进行。

具体操作步骤如下。

(1) 选中需要设置切换方式的幻灯片。

(2) 切换到"转换"选项卡,单击"切换到此幻灯片"组中切换样式框右下角的"其他"按钮,在随后出现的切换样式列表中,选择一种合适的切换样式即可,如图 7-5 所示。

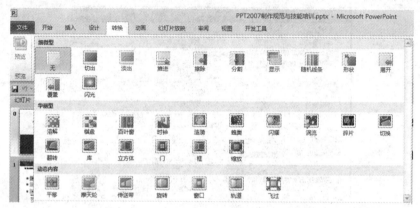

图 7-5 幻灯片切换样式列表

2) 预设动画

预设动画适用于幻灯片中的各种文本,其设置步骤如下。

(1) 选中文本或文本所在的对象。

(2) 执行功能区中的"动画"命令。

(3) 选择所需的动画效果即可。

3. 放映演示文稿

1) 放映全部幻灯片

放映全部幻灯片的具体操作步骤如下。

(1) 在 PowerPoint 中打开要放映的演示文稿。

(2) 切换到"幻灯片放映"选项卡,单击"开始放映幻灯片"组中的"从头开始"按钮进入全屏放映,如图 7-6 所示;或者打开需要放映的演示文稿,定位到所需要放映的幻灯片,单击状态栏右侧的"幻灯片放映"视图按钮,进入全屏放映,如图 7-7 所示;或直接按 F5 键。

(3) 系统将放映全部幻灯片,按 Esc 键可终止放映。

第 7 章 PowerPoint 课件的放映、输出与打印

图 7-6 从头开始放映

图 7-7 幻灯片从头开始放映

2) 放映部分幻灯片

放映部分幻灯片的具体操作步骤如下。

(1) 放映部分连续的幻灯片。

打开相应的演示文稿,切换到"幻灯片放映"选项卡,然后单击"设置"组中的"设置幻灯片放映"按钮,弹出如图 7-8 所示的"设置放映方式"对话框,在"放映幻灯片"选项组中选中"从"单选按钮,并调整其中的幻灯片编码,如图 7-8 所示。设置完成后,单击"确定"按钮,返回即可。

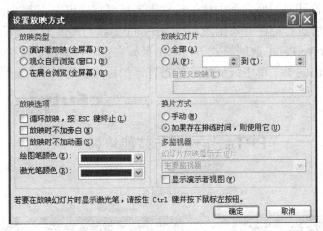

图 7-8 放映部分连续的幻灯片

(2) 放映部分不连续的幻灯片。

打开相应的演示文稿,切换到"幻灯片放映"选项卡,单击"开始放映幻灯片"组中的"自定义幻灯片放映"下拉按钮,在随后出现的下拉菜单中选择"自定义放映"命令,打开"自定义放映"对话框,如图 7-9 所示。然后单击对话框中的"新建"按钮,在弹出的"定义自定义放映"对话框中设置要放映的幻灯片。

3) 隐藏幻灯片

(1) 选定将被隐藏的幻灯片。

(2) 单击"幻灯片放映"选项卡中的"隐藏幻灯片"按钮,如图 7-10 所示。

(3) 幻灯片的序号上将显示隐藏标记,这些幻灯片在演示文稿播放时将不显示。

提示:键盘上的方向键、PageUp 键及 PageDown 键都可以控制幻灯片的播放。

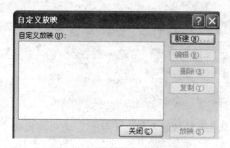

图 7-9　"自定义放映"对话框　　　　图 7-10　"隐藏幻灯片"按钮

7.2.2　幻灯片放映中的技巧

下面介绍幻灯片放映中的几个技巧。

1. 如何标记和更改课件中的内容

很多习惯于使用粉笔和黑板的老师在心理上对课件的应用有一定的排斥,因为课件在放映的过程中很难根据实际需要更改一定的内容,要想提示哪一部分内容是重点,也非常困难,除非在课件设计与制作过程中就把这些重点信息标注出来。

对课件中的内容进行标注并不困难,PowerPoint 为我们提供了笔迹标注功能。不知道你是否留意了,在 PowerPoint 放映模式下,单击鼠标右键,在弹出的快捷菜单中执行"指针选项"命令,在弹出的子菜单中选择相应的指针添加标注就可以了,如图 7-11 所示。

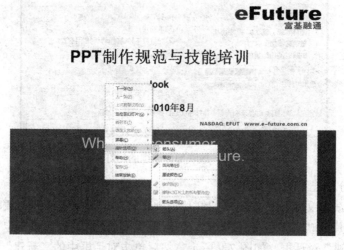

图 7-11　指针选择

可以选择画笔的类型,还可以选择画笔的颜色,幻灯片就像黑板一样,可以随心所欲地进行标注。

在标注完之后,可以选择保留这些标注信息(也就是墨迹),也可以擦除这些信息,如图 7-12 所示。

第 7 章 PowerPoint 课件的放映、输出与打印

图 7-12 "是否保留墨迹注释"提示框

在课件播放过程中，编辑课件内容的方法有以下几种。

如果认为在课件放映过程中选择笔迹功能不方便，还可以使用 Ctrl+P 快捷键，快速调用笔迹功能。

如果觉得使用 PowerPoint 自带的笔迹功能不能满足需要，还可以使用第三方软件，如电子教师和 PicPick 截图软件中的电子白板功能等。

2. 在课件放映室，修改和编辑课件内容的方法

在用 PowerPoint 播放课件时，修改与编辑课件内容是一件很麻烦的事情。这时，通常会选择先退出课件播放(快捷键是 Esc 键)，然后再找到要编辑的内容进行修改。

能不能一边播放幻灯片，一边对照着演示结果编辑幻灯片呢？答案是肯定的，主要有以下几种简单的方法可以解决这个问题。

方法一：

(1) 按住 Ctrl 键不放，单击"幻灯片放映"选项卡中的"从当前幻灯片开始"按钮，此时幻灯片将演示窗口缩小至屏幕左上角，如图 7-13 所示。

图 7-13 同时放映、编辑的效果

(2) 修改幻灯片时，演示窗口会最小化，修改完成后再切换到演示窗口就可以看到相应的效果了。

这样做并不适合在实际教学中应用，因为放映的窗口太小，而且是在窗口的左上角，只能用于预览课件制作效果。

方法二：

可以使用 Alt+Tab 快捷键，在课件的编辑与课件的放映程序中切换。

应用这种方法，不用退出课件的放映状态，就可以对课件内容进行编辑，如果配合使用 Shift+F5 快捷键(从当前幻灯片放映的快捷键)会更方便。

3．利用排练计时器，自由掌控播放时间

在 PowerPoint 中有一项"排练计时"功能，使用排练计时可以在幻灯片放映时记录下每张幻灯片的播放时间(这些时间可以根据需要进行控制)，这样下次播放幻灯片时，就会使用排练计时的时间来控制幻灯片的播放，如图 7-14 所示。

图 7-14　排练计时

使用"排练计时"功能最大的优势在于：可以让课件在放映时自动放映，相比使用自定义动画和幻灯片切换来实现的自动放映，它在时间控制上更灵活，不需要对课件进行修改和编辑。切换到"幻灯片放映"选项卡，再单击"设置"组中的"排练计时"按钮，在 PPT 上出现如图 7-15 所示的"录制"面板。

图 7-15　"排练计时"操作"录制"面板

在放映结束时，会弹出一个提示框，询问是否保留幻灯片的排练时间，如图 7-16 所示。若单击"是"按钮，则此计时时间会被保留在自动播放中。

图 7-16　是否保留排练时间提示框

如果需要将 PowerPoint 的课件放到网上，一般需要将其转换成视频或者网页格式。使用排练计时，可以解决课件自动播放的问题。

4．只有播放者才能看到的备注

备注是 PowerPoint 中的一项重要功能，可以为幻灯片提供更多的注解。

通常使用幻灯片展示课件内容时，并不希望在幻灯片上填满内容，此时可以使用备注。使用备注最主要的目的是为演讲者提供说明，这样就不用担心在解说时遗忘或漏掉一些内容。添加备注界面如图 7-17 所示。

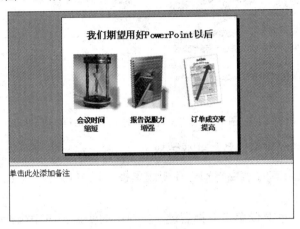

图 7-17　添加备注界面

如果给幻灯片添加了备注，那么如何查看呢？

在幻灯片放映时，单击鼠标右键，在弹出的快捷菜单中执行"屏幕"→"演讲者备注"命令，屏幕上即显示备注信息，如图 7-18 所示。

图 7-18　演讲者备注显示界面

通常在放映幻灯片时，备注信息也会同时投影在屏幕上，能不能只在自己的演示机器上显示备注信息，而在投影的屏幕上看不到备注呢？

实现此效果的方法很简单，只要切换一下课件的放映方式就可以了。在放映课件时，单击"幻灯片放映"选项卡中的"设置幻灯片放映"按钮，打开"设置放映方式"对话框，选中"演讲者放映(全屏幕)"单选按钮即可，如图 7-19 所示。

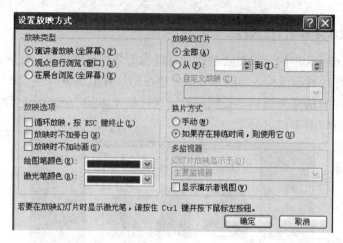

图 7-19 "设置放映方式"对话框

5．如何在放映的时候将幻灯片变成黑板

在做报告的时候，有时需要将幻灯片变成黑板，以便书写一些提示等内容。具体的实现方法如下。

(1) 在幻灯片放映的时候单击鼠标右键，在弹出的快捷菜单中执行"指针选项"→"荧光笔"命令，此时鼠标就具有了笔的功能。

(2) 右击幻灯片，在弹出的快捷菜单中执行"屏幕"→"黑屏"命令，使屏幕变成黑板，此时可以在黑板上随意书写。

(3) 如果要擦除书写的内容，可以单击鼠标右键，在弹出的快捷菜单中执行"指针选项"→"橡皮擦"命令，此时鼠标就具有了橡皮擦的功能。

(4) 如果要返回幻灯片放映模式，可以单击鼠标右键，在弹出的快捷菜单中执行"屏幕"→"屏幕还原"命令。

使用同样的方法，也可以进入白屏模式。

6．让课件内容循环播放

在 PowerPoint 中，默认情况下放映到最后一张幻灯片时系统会提示单击鼠标或按 Esc 键退出。但有一些内容，如会议及演讲，需要循环播放，怎么办呢？让课件内容循环播放的步骤如下。

(1) 首先需要在幻灯片的"切换"选项卡中设置幻灯片的切换方式和时间，如图 7-20 所示。

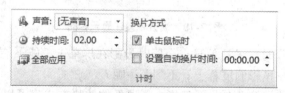

图 7-20 改变换片方式

(2) 在幻灯片"放映选项"设置中，选中"循环放映，按 ESC 键终止"复选框，如图 7-21 所示。

第 7 章 PowerPoint 课件的放映、输出与打印

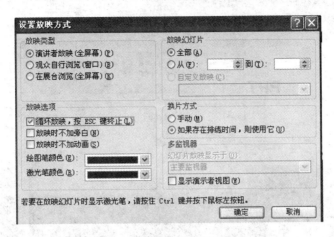

图 7-21 设置幻灯片循环播放

7. 进行适当的安全性设置——让那些警告窗口不再出现

打开课件时，你是不是每次都为弹出的提示信息或窗口而烦恼呢？这主要是宏的安全性问题。可以通过"开发工具"选项卡中宏的安全性来设置宏运行的条件，单击"宏安全性"按钮出现如图 7-22 所示的对话框，选择"宏设置"选项，对宏进行安全设置，然后选择一种安全级别即可解决此类问题。

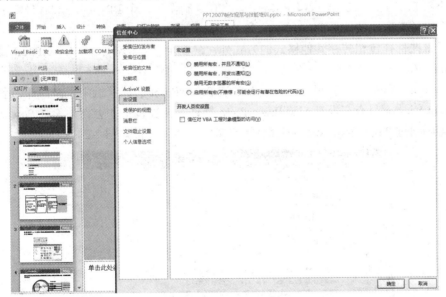

图 7-22 宏的安全性设置

8. 启动其他程序

通常在放映演示文稿时都是以全屏播放的，如果希望在演讲时使用其他程序，那么在全屏幕方式下启动其他程序就变得不是很方便。这时可以单击鼠标右键，在弹出的快捷菜单中执行"屏幕"→"切换程序"命令，在屏幕下方会显示"开始"菜单和任务栏。单击任务栏中的"任务"按钮，从"开始"菜单中启动新的应用程序。如图 7-23 所示，在播放演示文稿的状态下启动 Word 程序。

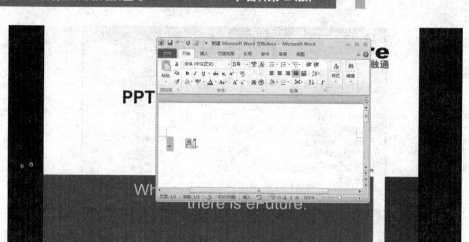

图 7-23 在演示文稿时启动 Word 应用程序

7.2.3 利用 PowerPoint Viewer 进行幻灯片放映

如果制作了一个课件，到了要使用课件时却发现机器没有安装 PowerPoint 软件，怎么办？如果用 PowerPoint 2007 或者 PowerPoint 2010 制作了一个 PPTX 格式的课件，到了教室却发现多媒体教室安装的是 PowerPoint 2003，又该怎么办？

除了将课件打包和转存其他格式的方式外，最安全的是携带一个 PowerPoint 播放器：PowerPoint Viewer。

PowerPoint Viewer 可以帮助你在没有安装 PowerPoint 的计算机中正常打开、运行课件。PowerPoint Viewer 只有在没有安装 PowerPoint 软件的计算机中才会自动关联 PowerPoint 文档，也可以通过 PowerPoint Viewer 查看指定文件，具体设置如图 7-24 所示。

图 7-24 通过 PowerPoint Viewer 查看文件

7.2.4 利用 PowerPlugs 播放幻灯片

由于 PowerPoint 在制作课件方面操作方便、易于上手,很多教师用它在演示文稿中插入 Flash 动画、视频文件、同步配音,制作图文和声音并茂的丰富多彩的课件。但是 PowerPoint 幻灯片之间的切换是平面效果,能不能使播放过程中的过渡就像电视节目那样出现立体的特效呢?如果能实现的话,其播放效果会更加精彩!

首先,下载安装 PowerPlugs 插件。该插件安装完毕后,在 PowerPoint 的功能区中将增加 3 个快捷按钮,如图 7-25 所示,通过它们就可以给幻灯片增加 3D 切换特效了。

图 7-25　PowerPlugs 插件

然后按照正常步骤编辑好一篇幻灯片文档,接着单击功能区中的 Add 3D Transition 按钮,弹出 PowerPlugs:Transitions 对话框(见图 7-26),在 Style 下拉列表框中选择切换效果,可以通过上方的 Effect 区域进行预览,在这种所见即所得的工作方式下能便利地为每张幻灯片定义不同风格的转场特效。另外,还有一些人性化选项设置,如设定转场效果切换的速度、是否采用背景音乐、由鼠标单击切换下一张还是延迟一定时间之后自动切换等。

图 7-26　PowerPlugs:Transitions 对话框

如果需要给一篇页数很多的幻灯片文档定义转场效果,可以直接在 Style 下拉列表框中选择 Random Transition 选项,这样就可以由程序随机分配转场特效。

完成上述设置之后,单击 View Show With 3D 按钮可以预览整个幻灯片的转场效果,满意后再单击 Pack 3D Effects 按钮,把各种特效整合到幻灯片文档中。这样即使在没有安装 PowerPlugs 的计算机中也能欣赏到各种 3D 特效了。

7.3　打印演示文稿

打印功能是 PowerPoint 2010 改进最大的一项功能,在"打印"面板中几乎可以完成所有的打印设置操作,并进行打印。

启动 PowerPoint 2010，打开需要打印的演示文稿，切换到"文件"选项卡，执行"打印"命令，即可展开"打印"面板，如图 7-27 所示。

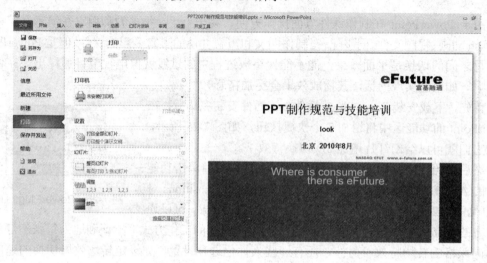

图 7-27 "打印"面板

1. 选择打印机

要打印演示文稿，首先需要选择打印机。在"打印"面板中，单击"打印机"右侧的下拉按钮，在随后出现的下拉列表中选择一款可以使用的打印机即可，如图 7-28 所示。

2. 设置打印版式

在"打印"面板中，单击位于"幻灯片"选项下方"整页幻灯片"右侧的下拉按钮，在随后出现的打印版式下拉列表中选择一项合适的版式即可，如图 7-29 所示。

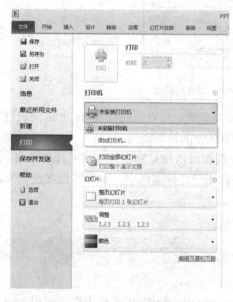

图 7-28 选择打印机

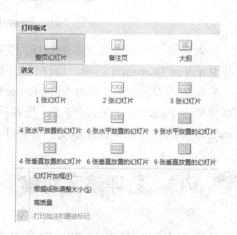

图 7-29 选择打印版式

3. 调整纸张方向

在"打印"面板中,单击"横向"和"纵向"右侧的下拉按钮,在随后出现的下拉列表中,根据打印的需要设置打印纸的方向。

4. 设置打印颜色

在"打印"面板中,单击"颜色"右侧的下拉按钮,在随后出现的下拉列表中,根据打印的需要选择一种打印颜色方案即可,如图 7-30 所示。

5. 设置打印份数

在"打印"面板中,根据打印的需要,调整需要的打印份数即可,如图 7-31 所示。

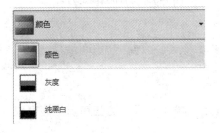

图 7-30　选择打印颜色

图 7-31　选择打印份数

6. 打印演示文稿

上述打印参数设置完成后,单击"打印"面板上方的"打印"按钮,即可将演示文稿打印出来。

7. 打印部分幻灯片

1) 打印指定幻灯片

在"打印"面板中,在"幻灯片"右侧的文本框中,输入需要打印的幻灯片号码(如"1,3,7-9"),如图 7-32 所示,然后再单击"打印"按钮,即可将编码为 1、3、7、8、9 的幻灯片按设置的版式等参数打印出来。

2) 打印所选幻灯片

在幻灯片导航区,利用 Shift 键和 Ctrl 键,选中多个连续或不连续的幻灯片,然后展开"打印"面板,单击"设置"下面第一个选项右侧的下拉按钮,在随后出现的下拉菜单中选择"打印所选幻灯片"选项,然后再单击"打印"按钮,即可将选中的幻灯片按设置的版式打印出来。

3) 打印当前幻灯片

在幻灯片导航区,定位到需要打印的幻灯片上,然后展开"打印"面板,单击"设置"下面第一个选项右侧的下拉按钮,在随后出现的下拉菜单中,选择"打印当前幻灯片"选项,然后再单击"打印"按钮,即可将当前幻灯片按设置的版式等参数打印出来,如图 7-33 所示。

图 7-32　打印部分幻灯片　　　　　　　图 7-33　打印当前幻灯片

7.4　回到工作场景

通过 7.2～7.3 节的学习，学生应学会对 PPT 进行放映和打印，这些知识足够完成 7.1 节中的工作场景。

(1) 打开要放映的幻灯片，如图 7-34 所示。

图 7-34　打开当前幻灯片

(2) 若要对 PPT 进行简单放映，只需选择功能区中的"幻灯片放映"选项卡，然后单击"从头开始"按钮，使幻灯片从头开始播放，如图 7-35 所示。

图 7-35　从头播放幻灯片

(3) 若希望从指定幻灯片开始放映,则首先选中要放映的幻灯片,然后单击"从当前幻灯片开始"按钮即可,如图 7-36 所示。

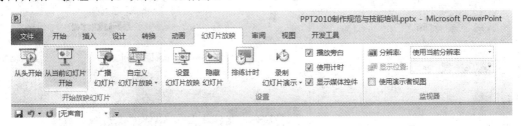

图 7-36　从当前幻灯片播放

或者,单击"设置幻灯片放映"按钮,在打开的"设置放映方式"对话框中选择要放映的幻灯片的页码,如图 7-37 所示。

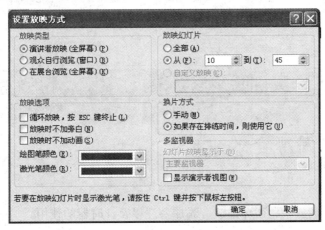

图 7-37　设置幻灯片放映

(4) 若要对幻灯片进行循环播放,可以在"放映选项"选项组中选中"循环放映,按 ESC 键终止"复选框。

(5) 若想知道 PPT 放映需要多长时间,可以单击"幻灯片放映"选项卡中的"排练计时"按钮,实现对幻灯片放映的时间统计,如图 7-38 所示。

图 7-38　单击"排练计时"按钮

(6) 幻灯片放映过程中,可以按 Esc 键,随时退出放映状态。

(7) 退出放映状态后,若需要打印所需幻灯片,可以打开"文件"选项卡,执行"打印"命令,打开"打印"面板,根据需要打印所需的幻灯片,如图 7-39 所示。

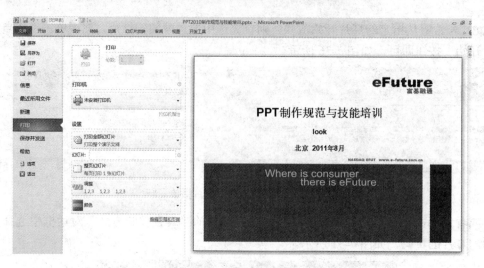

图 7-39 打印幻灯片

7.5 工作实训营

7.5.1 训练实例

1. 训练内容

主要练习 PPT 的放映、循环播放、添加备注以及计时器的使用。

2. 训练目的

熟练应用本章介绍的有关 PPT 放映的基本知识。

3. 训练过程

1) 幻灯片的放映

(1) 我们可以通过"设置放映方式"以及"自定义放映"对话框来预设演示文稿的放映方式。

(2) 幻灯片的切换。选中需要设置切换方式的幻灯片。切换到"转换"选项卡,单击"切换到此幻灯片"组中切换样式框右下角的"其他"按钮,在随后出现的切换样式列表中,选择一种合适的切换样式即可。

2) 循环播放

首先需要在幻灯片的"转换"选项卡中设置幻灯片的切换方式和时间,然后在幻灯片"放映选项"设置中选中"循环放映,按 ESC 键终止"复选框。

3) 利用排练计时器,自由掌控播放时间

在 PowerPoint 中有一项"排练计时"功能,使用排练计时可以在幻灯片放映时记录下每张幻灯片的播放时间(这些时间可以根据需要进行控制),这样下次播放幻灯片时,就会使用排练计时的时间来控制幻灯片的播放。

4．技术要点

PPT 课件中的放映及演示知识。

7.5.2 工作实践常见问题解析

【常见问题】 如果要自动循环播放的 PPT 不止一个，设置放映法就不起作用了，怎么办？

【答】 此时可以考虑将这些 PPT 转存为视频文件，再设置循环播放。打开"文件"选项卡，执行"保存并发送"→"创建视频"→"计算机和 HD 显示"命令。

再单击"创建视频"按钮，在弹出的窗口中输入文件名和保存位置，单击"保存"按钮即可。

重复操作将所有 PPT 转换成 WMV 视频文件，再将它们添加到播放器的播放列表中，设置为"循环播放"即可。

7.6 习题

练习幻灯片放映中的各种技巧，熟悉放映的快捷方式、循环播放、添加备注且仅演讲者可见的方法以及练习使用排练计时器。

(1) 打开计算机中的任意一张幻灯片，进行放映。
(2) 在放映时，对课件内容进行编辑。
(3) 插入备注，放映时显示备注。
(4) 设置课件内容循环播放。
(5) 在放映时，将幻灯片设置为黑板。
(6) 利用排练计时器，按照排练时间让幻灯片自动播放，保存后关闭窗口。
(7) 用 PowerPoint Viewer 打开所编辑的幻灯片，进行放映。

第 8 章

综合实例

 本章要点

- 制作"生态系统的能量流动"课件
- 制作"三国鼎立"课件

技能目标

- 熟练掌握课件的设计方法
- 熟练掌握课件中文字、图片、自绘图形、表格、音频、视频等元素的运用
- 掌握课件交互功能的运用
- 熟练掌握课件的动画设置、幻灯片的放映、打印及输出等操作

本章以制作两个教学课件为例，来帮助大家熟悉课件制作过程，掌握利用 PowerPoint 制作课件的一些技巧和方法。

综合实例 1 基于苏教版高中《生物》(必修本)第三册第四章第二节的内容进行介绍，此节所讲的生态系统中的能量流动、物质循环、信息传递和生态系统稳态的维持均是本课的重点。综合实例 2 基于初中历史第一册第 20 课教学内容"三国鼎立"，使用计算机辅助教学帮助学生了解史实，正确分析历史上著名的以少胜多的战例"官渡之战"和"赤壁之战"，可以提高学生辩证地看问题的能力。

8.1 综合实例1：生态系统的能量流动

8.1.1 需求分析

在进行需求分析时，我们需要编写需求说明书。需求说明书一般要根据课件需要体现的效果和内容来编写。

第一，必须要写清楚整体的教学过程和重要的教学环节。

第二，要写明课件的作用点，明确课件所起的作用和意义。

第三，写出需要的文字、图像、动画和声音等素材。

第四，要注明各个课件片段需要展现的效果和出现的形式。

在本实例中，我们的课程内容是"生态系统的能量流动"，本课的教学重点和教学难点均为生态系统能量流动的过程和特点。

本课的教学目标分为以下三个部分。

1. 知识目标

(1) 了解生态系统能量流动的概念。

(2) 了解生态系统能量流动的过程和特点。

(3) 体会研究生态系统能量流动的意义。

2. 能力目标

(1) 通过引导学生定量地分析某个具体生态系统的能量流动过程和特点，培养学生分析、综合和推理的思维能力。

(2) 通过探讨能量流动特点在生产、生活中的实际应用，培养学生理论联系实际的能力。

3. 情感目标

站在生态道德的角度，理解一些生态学观点，使学生懂得对资源的利用应遵循生态学原理和可持续发展的原则，为形成科学的世界观做准备。

本课的教学方法：注重"学案导学"，贯彻"先学后教，当堂训练"的教学模式；引导数据分析，采用启发式教学法；采用多媒体的直观教学法；采用理论应用实际的知识迁移的教学法。

教学过程中的重、难点突破策略如下。

(1) 引导学生复习生态系统的成分和营养结构，为学习能量流动做好准备。

(2) 提前给学生布置学案"预习指导"的相关内容，完成：①基本概念等的相关填空；②初步对每一营养级的能量来源和去路进行简单归纳。

(3) 对于学生预习中遇到的困难，教师通过实物投影的方式展现，组织学生分组讨论，教师引导，得出结论，彻底解决学生的疑难点问题。

(4) 联系赛达伯格湖能量流动的实例，分析能量流动的传递效率，以验证和巩固生态系统能量流动的特点。重视对学生"分析和处理数据"技能的训练，让学生体验整理、分析数据，用数据说明生物学现象和规律的过程。

(5) 通过设置几个命题进行分组讨论，加强理论联系实际。

8.1.2 教学设计

课件的教学设计分为教学对象分析、教学内容分析和课件解析这几个方面。

1. 教学对象分析

此生物课件主要是面向高中生，也可以作为一些环境爱好者的学习课程。首先，作为高中课程当中的一门必修课，本课最主要的目标就是让学生吸收掌握考点知识，在掌握知识的基础上进一步理解运用，培养良好的环境意识，合理利用资源，学会尊重自然。同时，本课程可作为宣传环保的学习课程，利用生动形象的课程讲解，呼吁更多的人来保护环境，遵循生态平衡。

2. 教学内容分析

此生物课程"生态系统的能量流动"主要包括以下几个内容：了解能量流动的概念；掌握能量流动的过程，包括起点、途径、来源和去路等；掌握能量流动最主要的特点；了解系统能量流动的研究意义。

在进行具体的内容分析时，我们可以借助概念图或思维导图建立知识内容之间的结构，如图8-1所示。

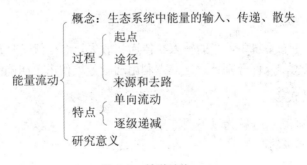

图8-1 教学结构

> **注意**：可以根据实际情况，对自己的课件内容进行详细分析，找出重点与难点，以及它们之间的联系，这样不仅可以帮助自己梳理教学知识，而且对于课件的框架结构与导航设计也有很大的帮助。

3. 课件要解析什么样的问题

在对教学内容进行分析的基础上，学生对于能量流动的理解有困难，同时，对于生态系统中如何进行能量流动，从哪里开始，经过哪些地方，从哪里结束的认识都不够。此外教材中对能量流动的特点的介绍都比较抽象，没有相应的实例。

因此要想利用课件解决这些问题，需要罗列如下部分问题。

- 为学习者提供生态中能量流动的实例，帮助学习者了解为何要学习能量流动。
- 为学习者提供能量流动的整个过程的图片、动画，使其过程形象化，使学习者掌握能量流动的起点和途径。
- 为学习者提供生动的动画来了解单向流动的过程。
- 为学习者提供形象的图表来解释逐级递减的含义。
- 为学习者提供不同的实例来说明学习生态的能量流动的实际意义。

8.1.3 课件系统设计

根据前面的教学内容分析和课件主要问题的解析，我们将课件分为如图 8-2 所示的几个部分。

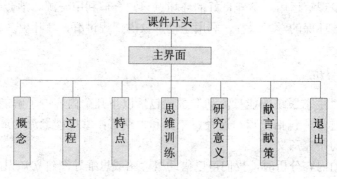

图 8-2 课件系统设计

1. 能量流动的概念

能量流动，即生态系统中能量的输入、传递和散失。这样就又分别引出了能量的输入、传递和散失三个概念。课件分别针对这三点利用动画效果作出了明确的解释。

2. 能量流动的过程

能量流动的过程可以分解为以下四部分。
(1) 生态系统能量的源头。
(2) 能量流动的起点。
(3) 生态系统能量的总值。
(4) 生态系统能量流动的途径。
同样根据前面的动画分别对这四个部分作出说明。

3. 能量流动的特点

能量流动的特点包括单向流动和逐级递减两个方面。对于第一方面内容，可与前面的流动过程相联系，通过对其流动方向的观察得出结论。而对于第二方面内容，则要通过图表和数据来显示其逐级递减的特点，而后再通过形象化的图片来表现，即：提取数据→数据抽象整理→总结，得出结论→形象化表现。

4. 思维训练

通过几个小问题，来巩固学生对以上三部分内容的理解。注意此时提出的问题不仅仅是知识点，还应该与实例相结合，从而更好地帮助学生理解。

5. 研究意义

将能量流动这样一个生活中无时无刻不存在的事实与生活习惯相结合，讨论研究能量流动的意义，从而提出要调整饮食结构的观点并与片头动画相辉映，同时再次将意义扩大化，要求大家合理利用能量资源。

6. 献言献策

通过本次课程的学习，结合自己所在的城市，提出一个开放性的、值得大家思考的问题，即如何利用生态环境中的能量流动来设计一个合理、有效的生态农业的发展规划。

8.1.4 素材准备

本课件中的主要素材如下。

(1) 图片：包括母鸡、猎人、树、老虎等事物图片，以及符合课程风格的背景图片，同时还有证明研究意义的实例图片以及学生作品图片等。此外，课件中还利用了很多自绘图形来制作优美的图片。

(2) 动画：课件中的动画包括片头动画和课件中无处不在的自定义动画设计。

(3) 音乐：在欣赏学生作品时要添加背景音乐。

8.1.5 课件的界面设计

课件的界面包括片头、封面、导航界面、内容界面等，下面分别介绍每个界面的设计方法。

1. 课件的片头

在课件的片头中可以插入 Flash 动画，也可以在网上找一些图片素材作为片头，还可以使用 PowerPoint 自行制作，设计成照片轮番展现的形式。

片头中所使用的内容要与课件的内容、主题相符合。而在本课件中，片头起到了一个课程导入的作用，用一个生动形象的竞猜游戏展开，如图 8-3 所示。

此竞猜游戏的背景是在一个荒岛上面对两个事物的选择，其中两个主要部分"人"和"母鸡"都用了想象的动画效果，增加了课件的吸引力，如图 8-4 所示。

图 8-3　片头动画

图 8-4　片头动画

最后，我们以欠"鸡妈妈"一个解释引入课程内容的学习，如图 8-5 所示。

我们欠"鸡妈妈"一个解释……

图 8-5　片头动画

2. 课件的封面

课件的封面写明了课程信息和授课者的基本信息，封面的背景由网络搜索所得，封面本身不仅仅是图片，而且是一个动画，其中的彩虹、云朵等都以动画形式进入，风格与授课内容相一致。课程题目利用动画效果来体现流动的含义。封面效果如图 8-6 所示。

图 8-6　课件封面

3. 课件的主界面(导航界面)

根据前面列出的系统设计图，我们可以很容易地制作出课件的主界面，主界面风格与封面相一致，如图 8-7 所示。主界面起到提示和概括课程内容的作用，使学习者可以对学习内容一目了然。

同时在制作主界面时，我们加入了"上一页"和"下一页"两个小按钮，而不使用默认的"单击进入下一页"的功能，这样在增加画面效果的同时，也能很好地防止了在上课时，由于教师误点造成的课件放映不流畅等问题。

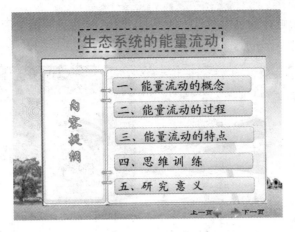

图 8-7　课件主界面

4. 课件的内容界面

如图 8-8 所示为能量流动的概念的内容界面。

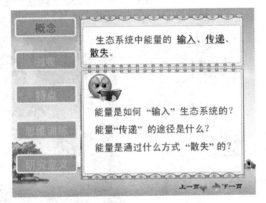

图 8-8　能量流动的概念的内容界面

在概念中,对生态系统的四个营养级进行介绍,如图 8-9 所示。

在图 8-9 中单击"返回"按钮,将返回上一级菜单。图 8-10 为能量流动过程的内容界面。

图 8-9　生态系统的四个营养级界面

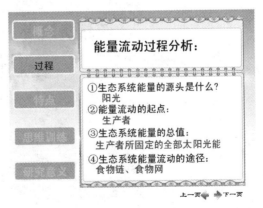

图 8-10　能量流动过程的内容界面

图 8-11 为形象地解释能量流动过程的界面。图 8-12 为说明能量流动特点——逐级递减的内容界面。

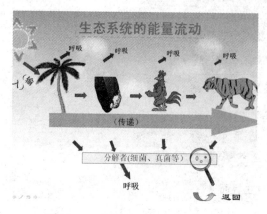

图 8-11 能量流动过程的界面

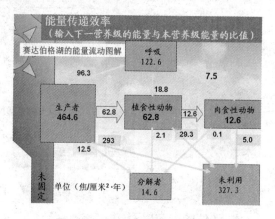

图 8-12 能量流动特点的界面

图 8-13 为思维训练的提问界面。图 8-14 为研究意义中调整食物营养结构的内容界面。

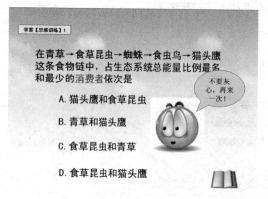

图 8-13 思维训练的提问界面

图 8-14 调整食物营养结构的内容界面

最后我们来制作与封面相呼应的结束界面，如图 8-15 所示。

图 8-15 结束界面

8.1.6 课件的图片、动画设计

图片、动画的加入能使课件更加形象生动。在本例中针对高中生的年龄段,加入了丰富的图片和生动的动画,使其能对课程内容有更好的理解。

1. 丰富的图片运用

首先,课件中在表示一个个体时几乎都用到了图片,不管是母鸡、猎人,还是树、老虎等,使学生能够非常直观地理解内容,如图 8-16 所示。

图 8-16 丰富的图片

其次,在背景图片的选择和导航界面的制作过程中我们也充分利用了各种图片的组合,如图 8-17 所示。

此外,在课件中可以发现,说明能量流动的研究意义时,我们用到了大量的图片。在出现大量图片的堆积时,我们用到了前面讲到的九宫格法以及"黄金分割法"等方法,来使画面更加美观,如图 8-18 所示。

图 8-17 图片的组合

图 8-17 图片的组合(续)

图 8-18 图片的应用

为了能在很小的画面中显示出更多的内容,本课件在欣赏学生作品这一界面采用了缩略图的方法来制作,单击其中一项作品,可以将其放大,如图 8-19 所示。

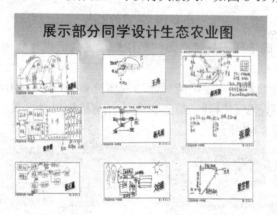

图 8-19 缩略图的应用

2. 生动形象的动画设计

在整个课件中,几乎每张幻灯片都有动画。下面我们来举几个简单的例子。

1) 文字的颜色变化和背景色的变化

对于图 8-20 所示的两种情况,分别采用"更改字体颜色"和"补色"的动画效果,具体设置如图 8-21 所示。

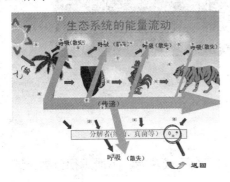

图 8-20 文字动画效果

图 8-21 文字动画设置

2) 说明过程的箭头动画

在课件中,为了说明能量流动的过程,以及能量逐级递减的过程,幻灯片中运用了大量的箭头动画,使学习者能够思路清晰,更易于掌握知识,其效果图及设置图分别如图 8-22 和图 8-23 所示。

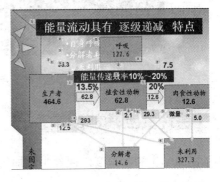

(a)   (b)

图 8-22 箭头动画效果图

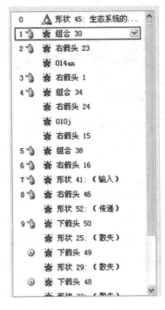
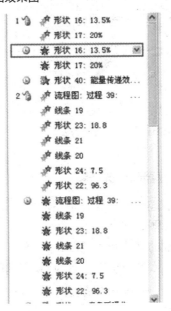

图 8-23 箭头动画设置图

3. 图表的应用

图表是整理数据的有力方式，如图 8-24 所示。课件利用图表数据说明能量逐级递减的特点。

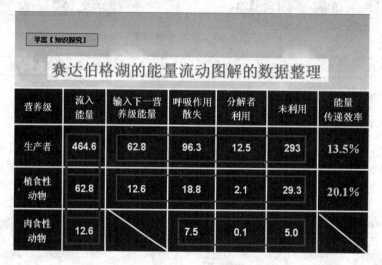

图 8-24 课件中图表的应用

8.1.7 课件交互功能的实现

为了提高学生的参与度，课件中也加入了很多交互式功能。下面进行分类介绍。

1. 按钮图标的运用

在课件中，为了实现主目录和子目录以及内容界面之间的相互切换，用到了以下几个小按钮图标，如图 8-25 所示。

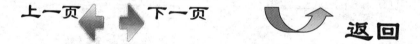

图 8-25 课件中按钮的应用

这些图标由 PPT 中的自绘图形和文字组合而成，然后以添加超链接的方式实现幻灯片的跳转。

2. 用触发器制作选择题

为了增加趣味性，课件中用触发器来制作选择题。下面我们以一个界面为例来介绍制作的方法，如图 8-26 所示。

课件实现的功能是：当单击正确答案时，将出现"恭喜你，答对了！再接再厉！"的图片和字样，本例中正确答案为 D。而单击错误答案时，将出现"不要灰心，再来一次！"的图片和字样，如图 8-27 所示。

第 8 章 综合实例

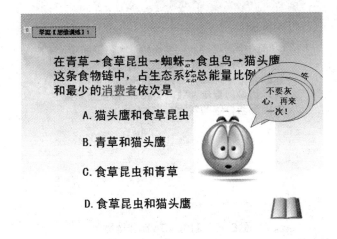

图 8-26 用触发器制作选择题

图 8-27 正确和错误反馈

实现此功能的操作十分简单。首先分别插入相应的文字和图片，为了动画设置的方便，可以将对应的文字与图片进行组合，然后对组合进行动画设置。在设置动画时，只要在"计时"选项卡中添加触发器，并且设定由单击相对应的选项进行触发即可，动画设置如图 8-28 所示。

图 8-28 利用触发器设置自定义动画

3. 用 VBA 技术制作选择题

在第 5 章的学习中我们了解到，还可以使用 VBA 技术制作选择题、填空题和判断题等。在本课件中，我们也使用了 VBA 技术来制作选择题。其制作过程如下。

（1）先输入题目和选项，选项用按钮显示，如图 8-29 所示。

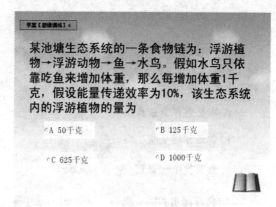

图 8-29　利用 VBA 制作选择题

(2) 分别对 4 个选项编写 VBA 程序。

这里，第 4 个选项 OptionButton4 是正确的，双击这个选项按钮，打开 VBA 代码编辑窗口，输入以下代码：

```
Private Sub OptionButton4_Click()
    If OptionButton4.Value = True Then
        ex = MsgBox("选择正确！恭喜你！", vbOKOnly)
    End If
End Sub
```

以上代码的功能是：当单击第 4 个选项时，因为这是正确的答案，屏幕会提示"选择正确！恭喜你！"。

编写错误答案的 VBA 代码，分别双击 OptionButton1、OptionButton2 和 OptionButton3，打开 VBA 编辑窗口，输入以下代码：

```
Private Sub OptionButton1_Click()
    If OptionButton1.Value = False Then
    ex = MsgBox("选择错误！请再想想！", vbOKOnly)
    End If
End Sub
Private Sub OptionButton2_Click()
    If OptionButton2.Value = False Then
    ex = MsgBox("选择错误！请再想想！", vbOKOnly)
    End If
End Sub
Private Sub OptionButton3_Click()
    If OptionButton3.Value = False Then
    ex = MsgBox("选择错误！请再想想！", vbOKOnly)
    End If
End Sub
```

以上代码的功能是：当单击选项 A、选项 B 或选项 C 时，因为这是错误的答案，屏幕会提示"选择错误！请再想想！"。

(3) 播放幻灯片。代码编辑完毕，播放幻灯片，单击选项按钮，看看效果，如图 8-30

所示。

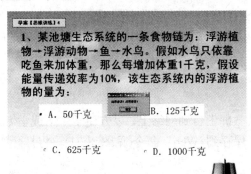 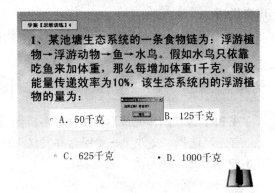

图 8-30 利用 VBA 制作选择题的效果图

这种试题制作形式是"即显答案形式",当单击选项按钮时,立即显示答案是否正确。

8.1.8 测试及评价

1. 课件的测试

课件可以通过放映的方式来进行效果测试,具体方法是先进行单张测试,后进行整体测试。

为了便于课件的测试,应注意以下几点。

(1) 可以在课件中设置独立的内容导航,这样就可以将鼠标单击切换幻灯片功能取消。

(2) 可以在观看学生作品时插入背景音乐,使背景音乐与课件存储的文件夹的相对位置不变。

(3) 嵌入课件制作中使用的特殊字体。

(4) 为了便于携带与播放,将课件保存成演示文稿的放映格式。

(5) 为了讲课时能够更加自如,可添加一定的备注,以便达到提示的作用。

(6) 可以使用排练计时,在幻灯片放映时记录下每张幻灯片的播放时间(这些时间可以根据需要进行控制),这样在下次播放幻灯片时,幻灯片会使用排练计时的时间来控制播放。

2. 课件的评价

课件的评价分为自我评价、组织评价、使用中介评价,上面的测试过程其实就是一个自我评价的过程。而目前评价多媒体课件一般都采用组织评价。所以要在上课完成后才能对课件作出评价,评价者包括专家、老师以及学生。

通常按照标准进行如下评价。

(1) 教育性与科学性。选题恰当,知识点表达准确,注意启发,促进思维,培养能力,场景设置、素材选取等与相关知识点结合紧密,模拟仿真,举例形象。

(2) 技术性。画面清晰,动画连续,交互设计合理,智能性好,声音清晰,音量适当,快慢适度,图像清晰,色彩逼真,搭配得当。

(3) 艺术性。创意新颖，构思巧妙，节奏合理，设置合理，媒体多样，文字布局合理，声音悦耳。

(4) 使用性。界面友好，操作简单，容错能力强，运行稳定，对硬件设备的要求适当。

8.1.9 课件的发布

在 PPT 课件制作完成后，往往很多资源需要教师上传到网络上，以方便学生下载学习。

首先，选择"文件"→"保存并发送"→"保存到 Web"命令(见图 8-31)，将打开如图 8-32 所示的"另存为"对话框。

图 8-31 执行"保存到 Web"命令

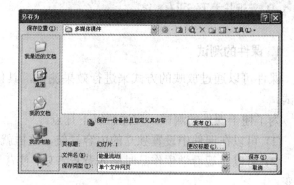

图 8-32 "另存为"对话框

我们还可以发布一个文件，即单击"另存为"对话框中的"发布"按钮，在弹出的如图 8-33 所示的"发布为网页"对话框中单击"Web 选项"按钮，在弹出的"Web 选项"对话框中根据要求分别对颜色、字体等进行相应设置，然后发布即可，如图 8-34 所示。

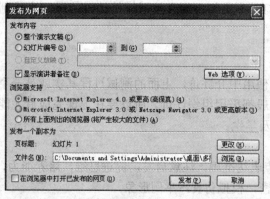

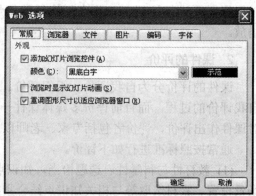

图 8-33 "发布为网页"对话框　　　　图 8-34 "Web 选项"对话框

8.2 综合实例2：三国鼎立

8.2.1 在课件中制作文字

1. 运行结果

运行结果如图 8-35 所示。

图 8-35 课件中文字制作

2. 知识要点

文字的输入与编辑，包括文本框宽度的调整，左右缩进及悬挂缩进的调整，文本位置的调整，文字字体、大小及颜色的设置调整，多个文字(本)框的使用。

3. 制作思路和操作步骤

制作思路：

在课程的导入部分，采用 PPT 课件辅助教学，即在课件的首页导入"三国演义"的主题曲，采用文本框在图片上输入主题词，并修改文本字体、大小及颜色属性。

操作步骤：

(1) 启动 PowerPoint，执行"文件"→"新建"→"空白演示文稿"命令，单击右侧"创建"按钮，则可以新建一个 PowerPoint 文件，如图 8-36 所示。

(2) 单击"插入"选项卡中的"图片"按钮，在弹出的"插入图片"对话框中，选择并打开需要插入的背景图片，如图 8-37 所示。插入文本框，输入如图 8-38 所示的文字，并调整其字体为"隶书"、大小为 60 磅，设置颜色。

(3) 选择第 1 张幻灯片，按 Enter 键添加第 2 张幻灯片，插入标题背景图片，并用文本框输入标题"三国鼎立"，设置字体格式为 仿宋_GB2312、66、B，如图 8-39 所示。

图 8-36 设置空白版式的幻灯片

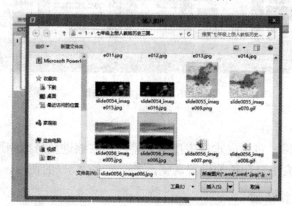

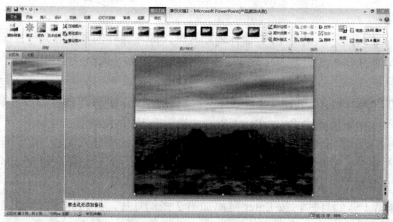

图 8-37 插入背景图片

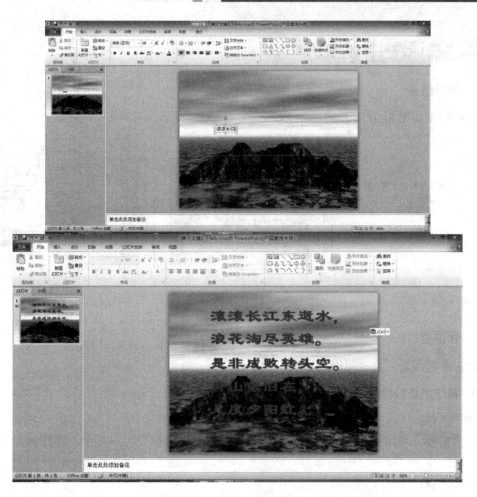

图 8-38　插入文本框内容

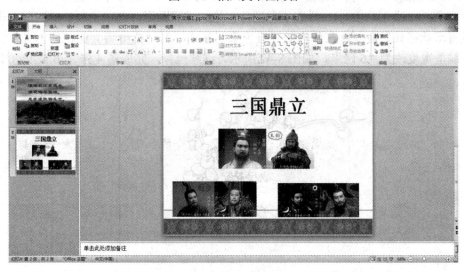

图 8-39　插入标题页内容

8.2.2 在课件中制作图形

1. 运行结果

运行结果如图 8-40 所示。

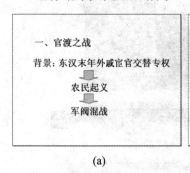  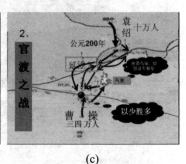

(a)　　　　　　　　　　　(b)　　　　　　　　　　　(c)

图 8-40　课件中图形制作

2. 知识要点

绘制各类图形，修改图形的形状、大小、轮廓、颜色。

3. 制作思路和操作步骤

制作思路：

根据需要，运用绘图工具栏，绘制线条、矩形、椭圆以及不规则的自选图形，并编辑图形。

操作步骤：

(1) 添加新幻灯片，输入课文背景介绍，切换到"插入"选项卡，选择"形状"→"下箭头"选项，如图 8-41 所示。导入素材图片，绘制椭圆图形，选中绘制的椭圆并右击，选择"设置形状格式"命令，在弹出的"设置形状格式"对话框中将其颜色改为"红色"，粗细或线型宽度改为"6 磅"，如图 8-42 所示。继续操作，完成第 4 张、第 5 张幻灯片。

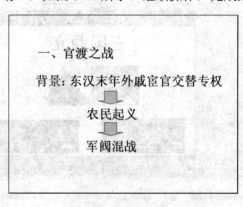

图 8-41　绘制下箭头

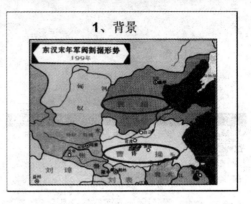

图 8-42　绘制椭圆

(2) 选择第 5 张幻灯片，按 Enter 键添加第 6 张幻灯片，根据教学需要插入"官渡之战"的路线图，在图上用文本框添加所需的文本，切换到"插入"选项卡，选择"形状"→"基本形状"→"云形"选项，绘制所需的云状图形，并在图形上插入文本，如图 8-43 所示。

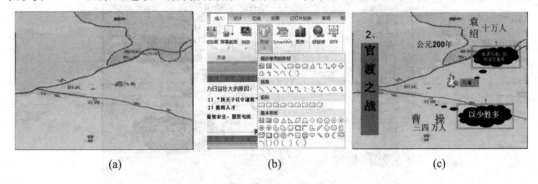

图 8-43　绘制图形"云形"

(3) 在第 6 张幻灯片上绘制路线，选择线条工具 进行绘制，选中绘制的线条并右击，选择"设置形状格式"命令，在弹出的"设置形状格式"对话框中将其颜色改为"蓝色"，线型宽度改为"10 磅"，将线条的后端设置为箭头，如图 8-44 所示。双击图形，选择"编辑形状"→"编辑顶点"选项，在曲线线条上出现顶点，通过顶点的两个手柄，可以自由调节曲线弧度，如图 8-45 所示。继续完成需要的路线，如图 8-46 所示。

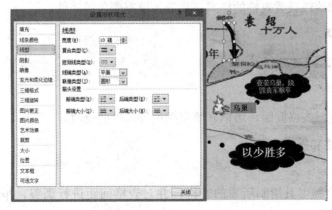

图 8-44　绘制带箭头的线条

249

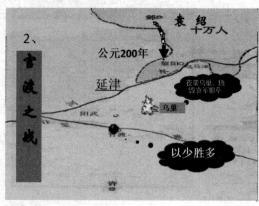

图 8-45 编辑线条

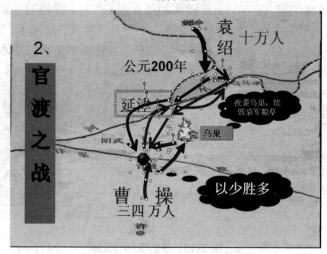

图 8-46 绘制曲线线条

8.2.3 在课件中制作表格

PowerPoint 的幻灯片上可以直接使用菜单命令插入规则的表格，根据需要，还可以对表格的行列进行修改或设置表格的样式、边框、填充颜色等属性。

1. 运行结果

运行结果如图 8-47 所示。

2. 知识要点

表格的绘制，表格间距、边框、填充颜色等属性的修改。

3. 制作思路和操作步骤

制作思路：

运用表格绘制工具绘制所需的表格，并对表格间距进行调整，根据需要给表格填充颜色。

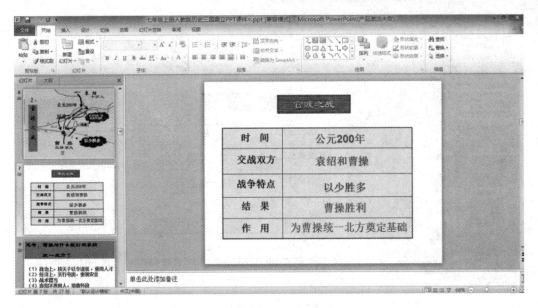

图 8-47　课件中表格制作运行结果

操作步骤：

(1) 插入表格。选中第 6 张幻灯片图标，按 Enter 键添加第 7 张幻灯片，选择空白版式。单击"插入"选项卡中的"表格"按钮，直接选择表格行数及列数，或打开"插入表格"对话框，输入列数 2，行数 5，调整表格排列方式，单击"确定"按钮，如图 8-48 所示。

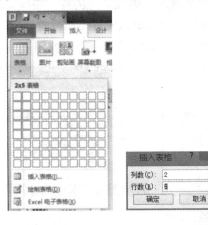 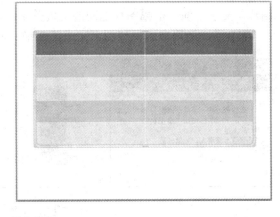

图 8-48　插入表格

(2) 设置表格外观。为了使得插入的表格整体风格与课件一致，还需要设置表格的外观。

双击表格，出现"表格工具 - 设计"选项卡，设置底纹及边框效果，并给填充好的表格添加文本，如图 8-49 所示。

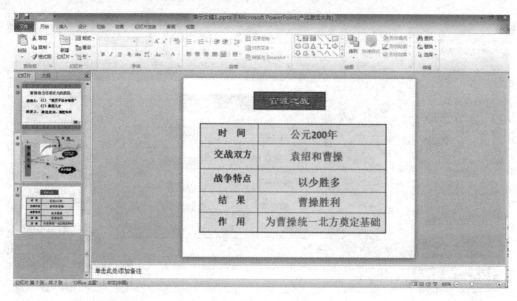

图 8-49　填充表格

8.2.4　制作图文结合的幻灯片

在制作图文结合的幻灯片时，文字部分最好使用文本框，以便调整样式、位置和设置动画；图片部分则最好先确定图片的外观，然后确定图片之间的关系。另外，还需要明确图片与文字之间、多幅图片之间的位置关系，例如同时平铺展示或先后叠加覆盖。

(1) 继续运用文本框和图形完成第 8 张、第 9 张和第 10 张幻灯片，如图 8-50 所示。

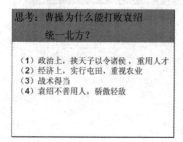  

图 8-50　文本框和图形输入效果

(2) 继续完成课件的第二部分"赤壁之战"和第三部分"三国鼎立的形成"，如图 8-51 和图 8-52 所示。

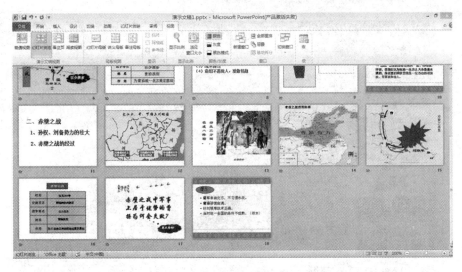

图 8-51 第二部分"赤壁之战"幻灯片浏览

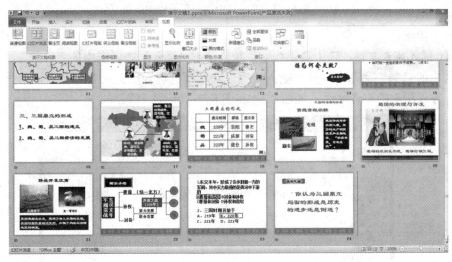

图 8-52 第三部分"三国鼎立的形成"幻灯片浏览

8.2.5 在课件中插入声音

1. 运行结果

运行结果如图 8-53 所示。

2. 知识要点

课件中声音的插入,对声音效果的控制。

3. 制作思路和操作步骤

制作思路:

本课件的首页上添加"滚滚长江东逝水"MP3 音乐作为课文内容导入背景音乐。实现对背景音乐的播放、暂停等声音控制。

图 8-53　在课件中制作声音控制效果

操作步骤：

(1) 插入声音文件：选中第 1 张幻灯片，单击"插入"选项卡中的"音频"按钮，执行"文件中的音频"命令，打开"插入音频"对话框，选择所需的音频文件，单击"插入"按钮，导入所需的声音文件，如图 8-54 和图 8-55 所示。

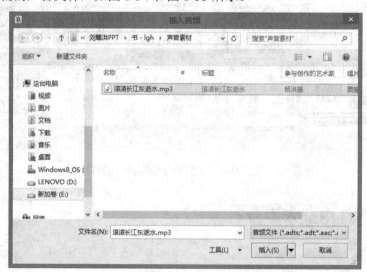

图 8-54　"插入音频"对话框

(2) 添加"播放"按钮。

第一步：单击"插入"选项卡中的"形状"按钮，在弹出的下拉菜单中，选择圆角矩形，回到幻灯片编辑窗口，拖动鼠标绘制一个圆角矩形，并根据需要调整好外观。

第二步：在添加的圆角矩形上右击，选择"编辑文字"选项，此时圆角矩形处于可编辑状态，出现文本框，输入"播放"字样。

图 8-55 在课件中插入声音

第三步：选择声音文件，切换到"动画"选项卡，添加媒体"播放"动画，此时 PowerPoint 为声音文件添加了一个"播放"动画，在右侧的动画窗格中可见，右击播放动画，选择"计时"选项，将播放圆角矩形设置为"播放"触发器，这样"播放"按钮就打造完成了，如图 8-56 所示。

图 8-56 在课件中添加声音"播放"按钮

(3) 添加"暂停"按钮。

第一步：单击"插入"选项卡中的"形状"按钮，在弹出的下拉菜单中选择圆角矩形，回到幻灯片编辑窗口，拖动鼠标绘制一个圆角矩形，并根据需要调整好外观。

第二步：在添加的圆角矩形上右击，选择"编辑文字"选项，此时圆角矩形处于可编辑状态，出现文本框，输入"暂停"字样。

第三步：选择声音文件，切换到"动画"选项卡，添加媒体"暂停"动画，此时 PowerPoint 为声音文件添加了一个"暂停"动画，在右侧的动画窗格中可见，右击播放动画，选择"计时"选项，将暂停圆角矩形设置为"暂停"触发器，这样"暂停"按钮就打造完成了，如图 8-57 所示。

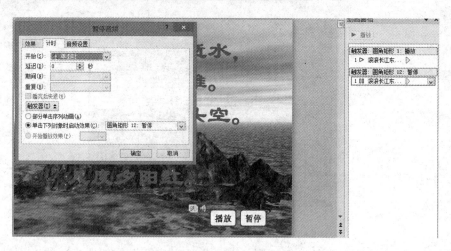

图 8-57　在课件中添加声音"暂停"按钮

8.2.6　在课件中设置动画

1. 知识要点

动画类型、动画效果，动画播放顺序调整。

2. 制作思路

以"三国鼎立"课件为例，具体说明如何设置动画效果。包括幻灯片动画设置，运用动画设置幻灯片中对象的流动渐进效果、叠加效果。

3. 操作步骤

(1) 设置幻灯片中对象的动画效果，如图 8-58 所示。

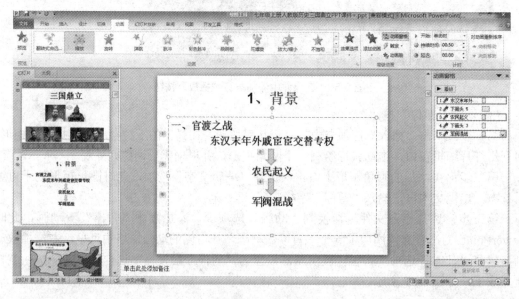

图 8-58　动画效果

① 在普通视图下，打开幻灯片，选中第 3 张幻灯片中的文字"东汉末年外戚宦官交替专权"，单击"动画"选项卡中的"添加动画"按钮，选择"进入"→"缩放"选项。

② 选中第一个下三角形，单击"添加动画"按钮，选择"进入"→"升起"选项。

③ 选中文字"农民起义"，单击"添加动画"按钮，选择"进入"→"缩放"选项。

④ 选中第二个下三角形，单击"添加动画"按钮，选择"进入"→"飞入"选项。

⑤ 选中文字"军阀混战"，单击"添加动画"按钮，选择"进入"→"缩放"选项。

(2) 设置幻灯片中对象的叠加效果，如图 8-59 所示。

① 选中第 3 张幻灯片中导入的"东汉末年军阀割据形式"图片，单击"添加动画"按钮，选择"进入"→"百叶窗"选项。

② 选中第二个椭圆，单击"添加动画"按钮，选择"进入"→"缩放"选项。

③ 选中第一个椭圆，单击"添加动画"按钮，选择"进入"→"缩放"选项。

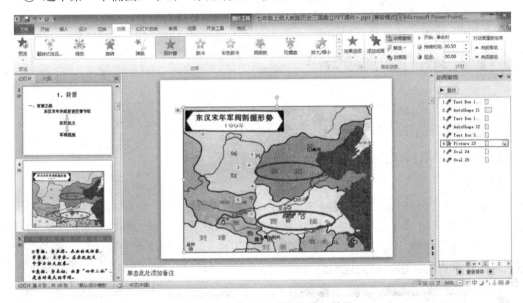

图 8-59　幻灯片中对象的叠加效果

(3) 设置幻灯片中对象的流动渐进效果。选择第 6 张幻灯片，按照"官渡之战"的情节发展，给带箭头的线条路线按顺序设置流动渐进动画效果。

① 在普通视图下，打开幻灯片，选中第 6 张幻灯片中的文字"袁绍""十万人"，单击"添加动画"按钮，选择"进入"→"缩放"选项。

② 选中第一条蓝色路径，单击"添加动画"按钮，选择"进入"→"擦除"选项。

③ 选中第一条黑色路径，单击"添加动画"按钮，选择"进入"→"擦除"选项。

④ 选中文本"曹操""三四万人"，单击"添加动画"按钮，选择"进入"→"缩放"选项。

⑤ 选中第一条红色路径，单击"添加动画"按钮，选择"进入"→"擦除"选项。

继续操作完成"官渡之战"情节发展流动渐进动画效果，如图 8-60 所示。

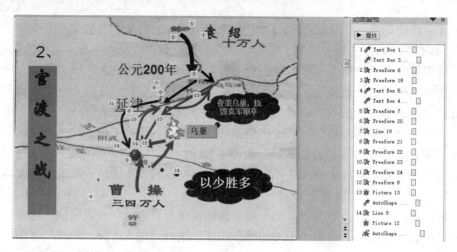

图 8-60　幻灯片中对象的流动渐进动画效果

8.2.7　在课件中添加超链接

1. 知识要点

添加、删除超链接，编辑超链接。

2. 制作思路与操作步骤

制作思路：

为了在播放时可以起到控制跳转的作用，在第三部分内容"三国鼎立的形成"中，即第 19 张幻灯片上给第 1 点和第 2 点文字添加超链接，将其分别链接到第 20 张和第 22 张幻灯片上。然后在"魏、蜀、吴三国的建立"的结束内容"三国鼎立的形成"幻灯片下方，插入返回目录页的按钮，来实现幻灯片的切换，如图 8-61 所示。

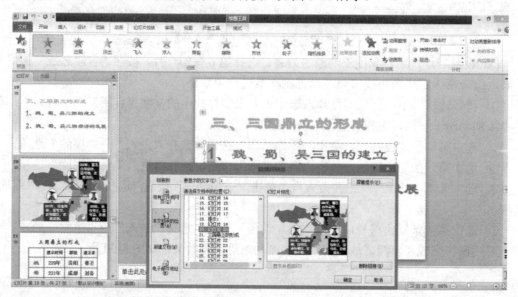

图 8-61　"编辑超链接"对话框

计算机辅助教学课件应该能够根据课堂反馈情况,实时地调整上课进度,或重新讲述重难点内容。这就要求在制作课件时,要对课件设置交互控制。交互按钮就是一个设置有超链接的对象(文本框、图形、图片等)。

操作步骤:

(1) 目录页设置热区对象。选中文本"1"热区对象并右击,在弹出的快捷菜单中选择"编辑超链接"选项,如图8-62所示。选择要跳转到的第20张幻灯片,单击"确定"按钮即可。这样就可以在此张幻灯片放映时单击"1"文本热区对象,切换到"魏、蜀、吴三国的建立"内容的开始页。

选中文本"1"热区对象并右击,在弹出的快捷菜单中选择"取消超链接"选项,则可以取消已经添加的超链接,如图8-62所示。

图 8-62　取消超链接

(2) 结束页设置热区对象。选中第 21 张,即"三国鼎立的形成"幻灯片,导入要实现返回链接的 GIF 格式图片,选中图片并右击,在弹出的快捷菜单中选择"编辑超链接"选项,选择要跳转到的第 19 张幻灯片,单击"确定"按钮即可。这样就可在此张幻灯片放映时单击 GIF 图片,切换到"三国鼎立的形成"目录页,如图 8-63 所示。当然,也可以采用形状中的各类图形或动作按钮作为链接对象。

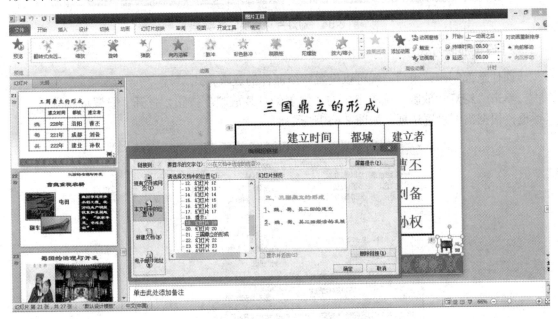

图 8-63　"编辑超链接"对话框

8.2.8 设置幻灯片切换效果和放映方式

1. 设置幻灯片切换效果

幻灯片切换效果是指幻灯片与幻灯片之间切换的过渡方式,如果不做设置就是默认的直接切换。

在幻灯片浏览视图下,对课件页添加的切换效果可在视图中实时预览,打开"切换"选项卡,如图 8-64 所示。

图 8-64 幻灯片"切换"选项卡

2. 设置放映方式

课件全部制作结束后,就可以设置整个课件的放映方式。

单击"幻灯片放映"选项卡中的"设置幻灯片放映"按钮,打开"设置放映方式"对话框,根据需要设置选项,如图 8-65 所示。

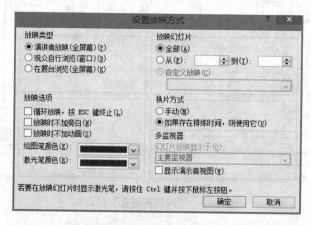

图 8-65 "设置放映方式"对话框

课堂教学一般选择"演讲者放映(全屏幕)"放映类型。在这种方式下，幻灯片占据整个屏幕，工具栏、选项卡等部件都被暂时隐藏起来。演讲者通过鼠标或键盘控制幻灯片的顺序切换，或单击控制元素跳转。

"在展台浏览(全屏幕)"放映类型可使课件进入自动演示状态，PowerPoint 会自动选择"循环放映，按 ESC 键终止"放映方式，当课件播放到最后一页时，会自动转到第一页继续播放。该方式主要用于展览会场合。

3. 自定义放映

在放映课件时，有时不需要放映全部的幻灯片，或希望按照一个新的次序播放，这时可以通过"自定义放映"来设置。

操作步骤：

(1) 单击"幻灯片放映"选项卡中的"自定义幻灯片放映"按钮，弹出"自定义放映"对话框，如图 8-66 所示。

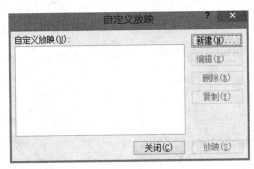

图 8-66　"自定义放映"对话框

(2) 在"自定义放映"对话框中单击"新建"按钮，弹出如图 8-67 所示的对话框。在"定义自定义放映"对话框中，在"在演示文稿中的幻灯片"列表框中选择要放映的幻灯片，然后单击"添加"按钮，则选择的幻灯片就会出现在右侧的"在自定义放映中的幻灯片"列表框中。如果这些幻灯片的次序还需要调整，可以通过最右侧的上下箭头来完成。

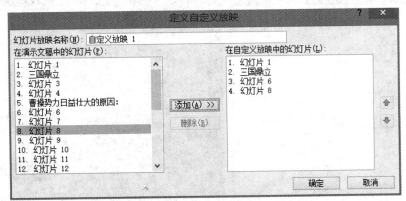

图 8-67　"定义自定义放映"对话框

8.2.9 发布已完成的课件

课件的传播一般有两种途径：一种是将课件打包，以移动介质(如 U 盘等)为载体在其他计算机上放映；另一种是以 PDF 的形式在互联网上传播。

1. PowerPoint 课件的打包

打开"文件"选项卡，执行"保存并发送"→"将演示文稿打包成 CD"命令，打开"打包成 CD"对话框，在"将 CD 命名为"文本框中输入 CD 的名称。单击"选项"按钮，可以设置 PowerPoint 播放器以及链接文件等选项。如图 8-68 所示。

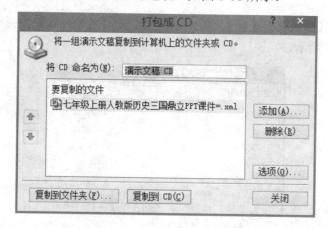

图 8-68 "打包成 CD"对话框

2. PowerPoint 课件的 PDF 形式

打开"文件"选项卡，执行"保存并发送"→"创建 PDF 文档"命令，可以将课件保存为 PDF 格式，以便传播，如图 8-69 所示。

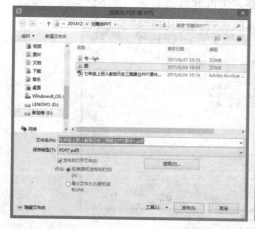 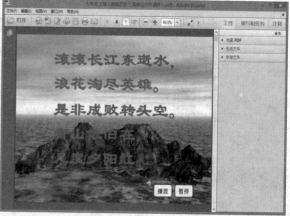

图 8-69 课件保存为 PDF 格式

8.3 习题

根据本章介绍的综合实例的方法,制作一个"PPT设计与制作"的课件,如图8-70所示为已经完成的一个PPT课件,可以作为参考。

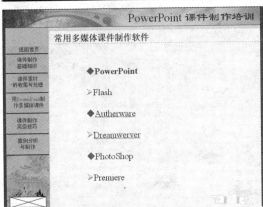
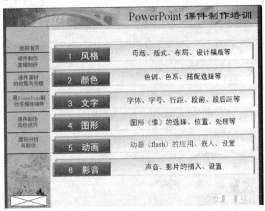

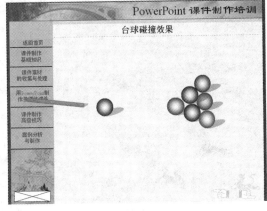

图 8-70　课件效果

图 8-70 课件效果(续)